中等职业教育国家规划教材
中等职业教育改革创新示范教材

会计基础与基本技能实训（第二版）习题集

李凤云　王秀娟　张　华　主　编
周雨冬　王　欢　副主编
孔凡艳　黄显明　主　审

中国财经出版传媒集团
中国财政经济出版社

图书在版编目（CIP）数据

会计基础与基本技能实训（第二版）习题集/李凤云，王秀娟，张华主编．—2版．—北京：中国财政经济出版社，2019.04（2022.8重印）

中等职业教育国家规划教材　中等职业教育改革创新示范教材

ISBN 978－7－5095－8674－7

Ⅰ．①会…　Ⅱ．①李…　②王…　③张…　Ⅲ．①会计学－中等专业学校－习题集　Ⅳ．①F230－44

中国版本图书馆 CIP 数据核字(2018)第 263921 号

责任编辑：张　军　　　　　　　　　　责任校对：胡永立

封面设计：汪俊宇

中国财政经济出版社 出版

URL：http：//www.cfeph.cn

E－mail：cfeph@cfeph.cn

社址：北京市海淀区阜成路甲 28 号　邮政编码：100142

营销中心电话：010－88191537

北京鑫海金澳胶印有限公司印刷　各地新华书店经销

787×1092 毫米　16 开　10 印张　237 000 字

2019 年 5 月第 2 版　2022 年 8 月北京第 2 次印刷

定价：27.00 元

ISBN 978－7－5095－8674－7

（图书出现印装问题，本社负责调换）

本社质量投诉电话：010－88190744

第二版编写说明

本习题集为《会计基础与基本技能实训（第二版）》的配套教学用书。随着主教材的修订，本习题集也做了适当修订，仍保留每一单元的填空、选择、判断、连连看、职业能力训练、岗位实训等练习题型，并配备了详细的答案，用以帮助学生理解和学习。

在修订过程中，严格遵循最新修订的《增值税暂行条例实施细则》，并根据最新调整的增值税税率对实训业务进行更新，使本书更加契合会计制度、税收政策前沿，符合中职学生职业能力培养目标的要求，以提高学生的会计综合职业能力。

本书既可以作为基础会计课堂教学的配套习题，又可以满足学生课外自学和个性化学习的需要。

本书由李凤云、王秀娟、张华任主编，周雨冬、王欢任副主编，参加编写的人员有：赵英、刘晓、孙晓敏、孔凡艳、李维、马璐璐、黄显明、王安、蒋静、王琳、李玉梅。全书由李凤云、王秀娟负责总纂并定稿，孔凡艳、黄显明主审。

由于编者水平所限，疏漏之处在所难免，敬请读者批评指正。

编　者

2019 年 4 月

目　录

第一单元

会计主体与会计要素

一、填空（将正确答案填在括号内，以下各单元填空答法与此相同）

1. 企业的生产经营过程包括（　　　　）、（　　　　）和销售过程。

2. 企业的预留银行印鉴，包括财务专用章和（　　　　）。

3. 发票是由（　　　　）单位开具，一般一式几联，其中记账联作为（　　　　）单位记账凭证；发票联（　　　　）单位记账凭证。

4. 借款单由（　　　　）填写，基本联次一式（　　　　）联，第一联交给借款人，第二联会计结算凭证，报销时记账用原始凭证，第三联会计记账凭证，（　　　　）时记账用原始凭证。

5. 企业的原始凭证按其取得来源不同，分为（　　　　）原始凭证和（　　　　）原始凭证。

6. 收款收据由（　　　　）单位出纳员开具，一式三联，第一联本单位留存，第二联（　　　　）单位作为记账用原始凭证，第三联（　　　　）单位作为记账用的原始凭证。

7. 现金缴款单由（　　　　）单位或个人填列。现金缴款单一式三联，将其交给银行审核后，第一联银行盖章后退回，作为企业记账用原始凭证，第二联、第三联（　　　　）留存。

8. 企业将现金存入银行时填写（　　　　）。

9. 会计是指以（　　　　）为主要计量单位，运用专门的方法，对经济活动进行核算和监督的一种管理活动。

10. 原始凭证亦称单据，是在经济业务（　　　　）时直接填制或取得的，用来载明经济业务实际执行和完成情况，明确经济责任，具有法律效力，并作为记账原始依据的一种会计凭证。

11. 发票是指在（　　　　）商品、提供或接受劳务及从事其他经营活动中，开具、收取的收付款凭证。

12. 借款单是企业内部有关部门或个人因公（　　　　）时使用，由借款人填写。

13. 收款收据是企业在非经营活动中（　　　　）款项时开具的书面证明。

14. 现金缴款单是指企业将收到的（　　　　）存入银行时填制的原始凭证。

15. 材料入库单（或称收料单）是指材料到达企业，经验收审核合格办理（　　　　）时按规定填写的原始凭证。

二、单项选择（将正确答案前面的英文字母填在括号内，以下各单元单项选择答法与此相同）

1. 甲公司收到职工李义因违反劳动纪律交来的罚款时开具的书面证明为（　　）。

A. 发票　　B. 现金缴款单

C. 收据　　D. 借款单

2. 甲公司将现金存入银行时使用的单据为（　　）。

A. 发票　　B. 现金缴款单

C. 收据　　D. 借款单

3. 甲公司向乙公司销售 A 产品时开具的单据为（　　）。

A. 发票　　B. 现金缴款单

C. 收据　　D. 借款单

4. 甲公司上月购买的 A 材料已运达，经验收审核合格办理入库时填写的单据为(　　)。

A. 增值税专用发票　　B. 材料入库单

C. 收据　　D. 普通发票

5. 下列原始凭证符合《会计基础工作规范》中“购买实物的原始凭证，必须有验收证明”这一规定的是（　　）。

A. 发票　　B. 材料入库单

C. 借款单　　D. 收据

6. 甲公司职工王南因公事出差，预借差旅费时应填写的单据为（　　）。

A. 发票　　B. 现金缴款单

C. 收据　　D. 借款单

7. 在会计上，可以按实物计量单位或劳动计量单位对经济业务进行计算和记录，但最后在会计确认、计量和报告时必须选择（　　）作为计量单位。

A. 实物　　B. 劳动

C. 货币　　D. 以上选项都正确

8. 甲公司从银行借入三年期借款，由银行出具用以证明甲公司已取得借款的单据为（　　）。

A. 收据　　B. 发票

C. 银行借款凭证　　D. 借款合同

9. 下列原始凭证中，外来原始凭证是（　　）。

A. 收款收据　　B. 购货发票

C. 销售发票　　D. 材料入库单

10. 材料入库单由（　　）填写。

A. 材料保管人员　　B. 销售单位

C. 财务人员 D. 采购人员

三、多项选择（每题有两个或两个以上正确答案，将正确答案前面的英文字母填在括号内，以下各单元多项选择答法与此相同）

1. 会计计量单位有（　　）。

A. 货币计量单位 B. 实物计量单位

C. 劳动计量单位 D. 会计主体

2. 下列原始凭证符合《会计基础工作规范》中“购买实物的原始凭证，必须有验收证明”这一规定的是（　　）。

A. 发票 B. 材料入库单

C. 借款单 D. 固定资产交接单

3. 会计的基本职能是（　　）。

A. 会计核算 B. 会计监督

C. 货币计量 D. 会计主体

4. 判断会计对象的条件是（　　）。

A. 属于某个会计主体 B. 用货币表现的经济活动

C. 必须是已经发生的经济活动 D. 会计监督

5. 会计要素包括（　　）。

A. 资产 B. 负债

C. 利润 D. 收入

6. 原始凭证必须具备以下基本内容（　　）。

A. 原始凭证的名称及编号 B. 经济业务内容

C. 填制原始凭证的日期 D. 经办人员或责任人的签名或盖章

7. 分析原始凭证的思路是（　　）。

A. 确定会计主体 B. 说明原始凭证的来源

C. 分析原始凭证的内容 D. 说明原始凭证的联次

8. 原始凭证按照来源不同分类，可分为（　　）。

A. 外来原始凭证 B. 一次凭证

C. 自制原始凭证 D. 累计凭证

9. 外来原始凭证有（　　）。

A. 购货发票 B. 销售发票

C. 收款时开具的收据 D. 付款时收到的收据

10. 下列属于资产类会计要素的项目有（　　）。

A. 库存现金 B. 应收账款

C. 应付账款 D. 固定资产

四、判断（正确的在括号内划√，错误的划×，以下各单元判断题答法与此相同）

1. 企业可以将自己的银行账户出借或出租给其他单位或个人使用。（　　）

2. 生产准备过程是企业生产经营过程的第一阶段，完成的标志是企业为生产产品准备

了所需的材料物资，并存放在企业的材料仓库之中。（　　）

3. 销售过程是企业生产经营过程的最后阶段，完成的标志是企业已将产品加工完成，并存放在成品仓库中准备销售。（　　）

4. 企业内部计划购买某种材料的请购单、购销双方签订的购销合同、购买某种材料的发票都可以作为原始凭证使用。（　　）

5. 外来原始凭证是指在经济业务发生或完成时，从其他单位或个人直接取得的原始凭证。（　　）

6. 购货发票和销售发票都是外来原始凭证。（　　）

7. 收据都是自制原始凭证。（　　）

8. 企业的罚款收入在会计上称为“营业外收入”，属于收入的构成项目。（　　）

五、连连看（找出与左侧内容相对应的选项，并用直线连接起来，以下各单元连连看答法与此相同）

（一）练习资产类会计要素

会计要素的具体内容	会计要素项目
1. 企业保险柜中的现金	A. 应收账款
2. 存放在银行的各种款项	B. 库存商品
3. 销售产品收到的商业汇票	C. 固定资产
4. 因销售产品应收取的款项	D. 银行存款
5. 应收取的其他应收款项	E. 无形资产
6. 存放于仓库中用于生产的材料	F. 库存现金
7. 库存的准备销售的各种产品	G. 应收票据
8. 企业取得的商标权	H. 其他应收款
9. 企业使用期限超过一年的机器设备	I. 原材料
10. 预付的购货款	J. 预付账款

（二）练习负债类会计要素

会计要素的具体内容	会计要素项目
1. 向银行借入的期限为三年的借款	A. 长期借款
2. 应缴纳的各项税费	B. 应交税费
3. 购买材料开出的商业汇票	C. 应付职工薪酬
4. 应付给销货单位的货款	D. 其他应付款
5. 向银行借入的期限为三个月的借款	E. 短期借款
6. 应付给职工的工资	F. 应付账款
7. 根据合同预收的货款	G. 应付票据
8. 其他应支付的款项	H. 预收账款

（三）练习资产、负债和所有者权益类会计要素

会计要素的具体内容	会计要素项目
1. 企业收到的现金	A. 固定资产
2. 企业提取的盈余公积	B. 本年利润
3. 留待以后分配的利润	C. 其他应付款
4. 某月份实现的利润	D. 银行存款
5. 职工预借的差旅费	E. 未分配利润
6. 存入银行的销售款	F. 盈余公积
7. 存放于仓库中用于生产的材料	G. 实收资本
8. 企业收到的押金	H. 其他应收款
9. 企业生产车间使用的设备	I. 原材料
10. 投资者投入企业的资本	J. 库存现金

（四）练习收入、费用和利润类会计要素

会计要素的具体内容	会计要素项目
1. 销售产品取得的收入	A. 营业外收入
2. 销售材料取得的收入	B. 营业外支出
3. 收到的罚款	C. 财务费用
4. 支付的罚款	D. 主营业务收入
5. 发生的广告费	E. 其他业务收入
6. 筹集资金所发生的费用	F. 销售费用
7. 企业管理人员的工资	G. 管理费用

（五）练习会计要素

会计要素	会计要素项目
1. 资产	A. 应收账款 B. 原材料
2. 负债	C. 实收资本 D. 管理费用
3. 所有者权益	E. 应付账款 F. 销售费用
4. 收入	G. 应付职工薪酬 H. 其他应付款
5. 费用	I. 主营业务收入 J. 营业外收入
6. 利润	

六、职业能力训练

训　练　一

【目的】掌握会计主体的具体运用。

【资料】A 公司发生下列经济业务：

1. 向蓝天公司销售产品 1000 元，款项尚未收到。
2. 偿还货款 5000 元，用现金支付。
3. 违章罚款 300 元，用现金支付。
4. 收到现金 1000 元，是大宇公司前欠货款。
5. 从长路公司购入材料 5000 元，款项尚未支付。

【要求】完成表 1－1。

表 1－1

序号	备选答案	答案
1	A. 应收款项增加　　B. 应付款项增加	（例如）　A
2	A. 现金增加　　B. 现金减少	
3	A. 现金增加　　B. 现金减少	
4	A. 现金增加　　B. 现金减少	
5	A. 应收款项增加　　B. 应付款项增加	

训　练　二

【目的】练习分析原始凭证。

【资料】连云公司收到发票一张，发票如表 1－2 所示。

【要求】分析原始凭证。

表 1－2

辽宁省增值税专用发票

发　票　联

全国统一发票监制章 国家税务总局 辽宁税务局

2100163160　　　　№ 0030356

开票日期　2019 年 4 月 5 日

购货方	名　　称：连云公司 纳税人识别号：91210703210716758A 地址、电话：锦宁市渤海大街105号　8895476 开户行及账号：工商银行连云支行　3385－71				密码区	略	
货物或应税劳务、服务名称	规格型号	单位	数量	单价	金额	税率	税额
甲材料		吨	500	20.00	10000.00	9%	900.00
合　　计					¥10000.00		¥900.00
价税合计（大写）	⊗壹万零玖佰圆整				（小写）¥10900.00		
销货方	名　　称：动力机厂 纳税人识别号：91210703583289023Q 地址、电话：锦宁市上海路5段41号　4587126 开户行及账号：工商银行上海路支行　7798－65				备注	动力机厂 91210703583289023Q 发票专用章	

收款人：　　　复核：　　　开票人：张群　　　销货单位：（章）

第三联：发票联　购货方记账凭证

分析原始凭证：

1. 确定会计主体____________________

2. 说明原始凭证的来源____

____

3. 审核原始凭证的内容____

____

训　练　三

【目的】练习分析原始凭证。

【资料】云港公司职工王天出差填制借款单一张（用现金支付），借款单如表1－3所示。

【要求】分析原始凭证。

表1－3　　**借　款　单**（记账）

2019年4月9日　　顺序第　号

借款单位	＊供销科	姓名	＊王天	级别	＊	出差地点	＊北京
						天　数	＊9
事由	开展览会	借款金额（大写）	＊人民币壹仟伍佰元整　￥1500.00				
部门负责人	同意 孙童	借款人签章	万强	注意事项	一、有＊者由借款人填写 二、凡借用公款必须使用本单 三、第三联为正式借据由借款人和单位负责人签章 四、出差返回有三天内结算		
单位负责人	同意 吴永	审核意见	同意 冯峰				

第三联　借款记账凭证

分析原始凭证：

1. 确定会计主体____________________

2. 说明原始凭证的来源____

____

3. 审核原始凭证的内容____

____

训　练　四

【目的】掌握大小写金额的书写要求。

【资料】作业纸如表1－4所示。

【要求】判断正误并改正。

表 1－4 **作　业　纸**

题号	判断正误并改正（正确划“√”，错误的划“×”并改正）	
1	（大写金额）叁拾贰万肆仟伍佰元整	（　）
	更正（例）（大写金额）人民币叁拾贰万肆仟伍佰元整	
2	（大写金额）人民币叁拾贰万肆仟伍佰元陆角正	（　）
	更正	
3	（大写金额）人民币叁拾贰万肆仟五佰元整	（　）
	更正	
4	（大写金额）人民币叁拾贰万肆仟伍佰元	（　）
	更正	
5	（大写金额）人民币叁拾贰万零肆仟伍佰元整	（　）
	更正	
6	⊗仟⊗佰叁拾贰万肆仟伍佰⊗拾⊗元⊗角⊗分	（　）
	更正　仟　佰　拾　万　仟　佰　拾　元　角　分	
7	○仟○佰叁拾贰万肆仟伍佰零拾零元零角零分	（　）
	更正　仟　佰　拾　万　仟　佰　拾　元　角　分	
8	×仟×佰叁拾贰万肆仟伍佰零拾零元零角零分	（　）
	更正　仟　佰　拾　万　仟　佰　拾　元　角　分	
9	零仟零佰叁拾贰万肆仟伍佰零拾零元零角零分	（　）
	更正　仟　佰　拾　万　仟　佰　拾　元　角　分	
10	人民币 （大写）伍拾陆万零叁佰陆拾肆元捌角陆分	（　）
	更正	
11	人民币 （大写）伍拾陆万零叁佰陆拾肆元捌角陆分	（　）
	更正	
12	人民币 （大写）伍拾陆万零叁佰陆拾肆元捌角陆分整	（　）
	更正	
13	仟　佰叁拾贰万肆仟伍佰零拾零元零角零分	（　）
	更正　仟　佰　拾　万　仟　佰　拾　元　角　分	
14	￥124567.00	（　）
	更正	
15	￥124567.00	（　）
	更正	
16	￥4567.00 元	（　）
	更正	
17	￥4567.0－	（　）
	更正	

训 练 五

【目的】练习分析原始凭证。

【资料】锦州市云港公司的借款单据如表 1－5 所示。

【要求】分析原始凭证。

表 1－5 **中国建设银行 贷款转存凭证** （借款借据）008451

2019年8月1日 贷款种类：基建

借款人	全称	中国建设银行锦州市分行	收款人	全称	锦州市云港公司
	账号	98754		账号	68754
	开户行	建行锦州市分行		开户行	工商银行站前支行
大写金额	（币种）人民币贰拾万元整			千 百 十 万 千 百 十 元 角 分	¥ 2 0 0 0 0 0 0 0
委托你行将上述贷款金额转存/支付锦州市云港公司存款户。 2019年8月1日		业务主管：张雷 经办人：王五 （信贷部门签章） 2019年8月1日		合同号：D1452 借款期限：2019年8月1日至2019年12月1日	

第四联：收款人收账通知

凭证代码：3042

分析原始凭证：

1. 确定会计主体 ____________________

2. 说明原始凭证的来源 ____________________

____

3. 审核原始凭证的内容 ____________________

____

训 练 六

【目的】练习分析原始凭证。

【资料】锦州市云港公司的材料入库单如表 1－6 所示。

【要求】分析原始凭证。

表 1－6 **材料验收入库单 ②记账**

验收仓库 1# 2019年4月1日 第 号

供应单位：长生糖业有限公司			合同号			发票号	No5471	托收支票	
物资名称	材质	规格型号	单位	数量		实际价格			
				应收	实收	单价	金额	运杂费	合计
白糖			千克	2000	2000	7	14000		14000
合计							14000		14000

会计 记账 保管员 王力强 经办人 于伟

分析原始凭证：

1. 确定会计主体 ____________________

2. 说明原始凭证的来源____

____

3. 审核原始凭证的内容____

____

训　练　七

【目的】练习填写收款收据，并根据收款收据分析会计要素的增减变动情况。

【资料】甲公司 2019 年 11 月 8 日发生如下业务：收到乙公司张一交来的现金 10000 元，系乙公司的投资款。

甲公司会计主管：伍雨；　　会计：海远；　　出纳：李小璐。

乙公司会计主管：程才；　　会计：武一；　　出纳：乔乔。

【要求】

1. 填制收款收据，收款收据如表 1－7 所示。

表 1－7　　　　**收 款 收 据**　　　　***NO***：0354587

收款日期　　年　月　日

<table>
<tr><td>付款单位
（交款人）</td><td></td><td>收款单位
（收款人）</td><td colspan="8"></td><td colspan="2">收款
项目</td><td></td></tr>
<tr><td rowspan="2">人民币
（大写）</td><td colspan="2" rowspan="2"></td><td>千</td><td>百</td><td>十</td><td>万</td><td>千</td><td>百</td><td>十</td><td>元</td><td>角</td><td>分</td><td>结算方式</td></tr>
<tr><td></td><td></td><td></td><td></td><td></td><td></td><td></td><td></td><td></td><td></td><td></td></tr>
<tr><td rowspan="2">收款事由</td><td colspan="2" rowspan="2"></td><td colspan="2" rowspan="2">经办</td><td colspan="3">部门</td><td colspan="6"></td></tr>
<tr><td colspan="3">人员</td><td colspan="6"></td></tr>
<tr><td colspan="3" rowspan="2">上述款项照数收讫无误。
收款单位财务专用章：
（领款人签章）</td><td colspan="4">会计主管</td><td colspan="3">稽核</td><td colspan="3">出纳</td><td>交款人</td></tr>
<tr><td colspan="4"></td><td colspan="3"></td><td colspan="3"></td><td></td></tr>
</table>

第二联　收款单位记账凭据

使用范围及规定：（1）本收据只能用于单位内部和单位与单位、单位与个人之间的非经营性经济往来，不得代替发票、行政事业性收费等政府非税收入收据和罚没收据。（2）结算方式按现金结算、银行结算和转账结算等方式分别填列。（3）作废时，应加盖作废戳记，并同存根一起保存，不得自行销毁。

2. 说明原始凭证的来源____

____

3. 根据收款收据分析会计要素的增减变动情况。

会计要素	项目	增减	金额（元）

训　练　八

【目的】练习填写、审核原始凭证并根据原始凭证分析会计要素的增减变动情况。

【资料】海韵公司2019年9月21日发生如下业务：从春生公司购入***A***材料，用现金支付款项，材料已全部验收入库，发票和材料入库单如表1－8和表1－9所示。

表1－8　　辽宁省增值税专用发票

全国统一发票监制章　国家税务总局　辽宁税务局

发　票　联

2100163160　　　　№　0030357

开票日期　2019年9月21日

购货方	名　　称：海韵公司 纳税人识别号：912107032107142514 地址、电话：锦宁市解放大街16号　3459671 开户行及账号：工商银行凌云支行　7745－89					密码区	略	
货物或应税劳务、服务名称	规格型号	单位	数量	单价	金额	税率	税额	
A材料		吨	100	90.00	9000.00	9%	810.00	
合　　计					￥9000.00		￥810.00	
价税合计（大写）	⊗玖仟捌佰壹拾圆整				（小写）￥9810.00			
销货方	名　　称：春生公司 纳税人识别号：91210703583268970X 地址、电话：锦宁市重庆路5段41号　4562385 开户行及账号：工商银行重庆路支行　5897－35					备注	春生公司 91210703583268970X 发票专用章	

收款人：　　　复核：　　　开票人：张明　　　销货单位：（章）

第三联：发票联　购货方记账凭证

【要求】

1. 填制材料入库单。

表1－9　　材料验收入库单　②记账

验收仓库　#　　　　年　月　日　　　　第　号

供应单位：			合同号			发票号		托收支票	
物资名称	材质	规格型号	单位	数量		实际价格			
				应收	实收	单价	金额	运杂费	合计
合计									

会计　　　　记账　　　　保管员　　　　经办人

2. 说明原始凭证的来源____

____

3. 根据原始凭证分析会计要素的增减变动情况。

会计要素	项目	增减	金额（元）

训　练　九

【目的】练习填写、审核原始凭证，并根据原始凭证分析会计要素的增减变动情况。

【资料】奔腾公司 2019 年 4 月 26 日发生如下业务：向前进公司开出销售发票，销售 B 产品 300 千克，单价 45 元，金额 13500 元，收到现金。

【要求】

1. 说明原始凭证的来源 ____________________

2. 根据原始凭证分析会计要素的增减变动情况。

会计要素	项目	增减	金额（元）

训　练　十

【目的】练习原始凭证的使用。

【资料】远航公司 2019 年 4 月份的经济业务如表 1－10 所示。

【要求】完成表 1－10。

表 1－10

序号	业务题	原始凭证名称	出具原始凭证单位
1	材料验收入库	（例）材料入库单	（例）远航公司
2	销售甲产品		
3	将现金存入银行		
4	收到投资款		
5	将材料验收入库		
6	支付红光公司广告费		
7	从银行借款		

训　练　十　一

【目的】练习会计平衡公式。

【资料】某公司某年 7 月 1 日，资产与权益总额均为 30 万元，7 月份发生经济业务如表 1－11 所示。

【要求】完成表 1－11。

表 1－11

序号	经济业务	分析经济业务对会计平衡式的影响
1	购入 C 材料 7800 元，款项尚未支付。	（举例）资产与权益同时增加，则总额增加，平衡关系不变。
2	从银行提取现金 300 元备用。	
3	收回应收账款 8000 元，存入银行。	
4	用银行存款缴纳上月税款 4000 元。	
5	从银行借入 3 年期借款 20000 元，存入银行。	
6	从银行取得短期借款 10000 元，直接偿还应付账款。	

七、岗位实训

实　训　一

【目的】掌握现金缴款单的具体运用。

【资料】云彤公司的现金缴款单如表 1－12 所示。

【要求】根据现金缴款单，分析会计要素的增减变动情况。

表 1－12

券种明细

券种	张数	金额
壹佰元	200	20000
伍拾元	20	1000
贰拾元		
拾元		
伍元		
贰元		
壹元		
伍角		
贰角		
壹角		
伍分		
贰分		
壹分		
合计	220	21000

中国工商银行　现金缴款单

缴款日期：2019年 10月 1日

缴款单位	全称	云彤公司	账号	56987-2								
	开户银行	工商银行凌云支行										
款项来源		销售款	百	十	万	千	百	十	元	角	分	
人民币（大写）		贰万壹仟元整		¥	2	1	0	0	0	0	0	
现金			复核员				出纳收款员					
收讫			复核员				记账员					

中国工商银行股份有限公司 凌云支行 2019.10.01 核算用章

第一联：回单

该笔经济业务引起会计要素增减变化情况如下：

会计要素	项目	增减	金额（元）

实　训　二

【目的】掌握借款单的具体运用。

【资料】大华贸易公司职工王力填制的借款单如表 1－13 所示。

【要求】根据借款单，分析会计要素的增减变动情况。

表 1－13　　　　借　款　单（记账）

2019年 4月 1日　　　　顺序第　　号

<table>
<tr><td rowspan="2">借款单位</td><td rowspan="2">＊设备处</td><td rowspan="2">姓名</td><td rowspan="2">＊王力</td><td rowspan="2">级别</td><td rowspan="2">＊</td><td>出差地点</td><td>＊杭州</td></tr>
<tr><td>天　数</td><td>＊4</td></tr>
<tr><td>事由</td><td colspan="2">开会</td><td>借款金额（大写）</td><td colspan="4">＊人民币壹仟伍佰元整　¥1500.00</td></tr>
<tr><td>负责人签署</td><td colspan="2">同意
张大壮</td><td>借款人签章</td><td>王力</td><td>注意事项</td><td colspan="2">一、有＊者由借款人填写
二、凡借用公款必须使用本单
三、第三联为正式借据由借款人和单位负责人签章
四、出差返回有三天内结算</td></tr>
<tr><td>机关首长或授权人批示</td><td colspan="2">同意
周劲松</td><td>审核意见</td><td colspan="4">同意
单大伟</td></tr>
</table>

第三联　借款记账凭证

该笔经济业务引起会计要素增减变化情况如下：

会计要素	项目	增减	金额（元）

第二单元

账户和复式记账

一、填空

1. 把会计要素的具体内容进行分类核算的项目，即为会计科目。企业常用的会计科目一般可以划分为五类，即（　　　　）、（　　　　）、（　　　　）、（　　　　）、（　　　　）。

2. 会计科目按其提供会计信息的详细程度和隶属关系可分为（　　　　）和(　　　　)。

3. 总账科目，又称为总分类科目、一级科目，是对会计要素具体内容进行(　　　　)、提供（　　　　）的会计科目。

4. 明细科目，又称为明细分类科目、细目，是对（　　　　）作进一步分类、提供（　　　　）的科目。

5. 我国《企业会计准则》规定，企业会计核算必须采用（　　　　）。

6. 借贷记账法的记账规则是（　　　　）、(　　　　)。

7. 资产类账户，借方登记（　　　　）数，贷方登记（　　　　）数，其余额一般在(　　　　)方。

8. 权益类账户，贷方登记（　　　　）数，借方登记（　　　　）数，其余额一般在(　　　　)方。

9. 成本费用类账户与资产类账户记入的方向（　　　　），与所有者权益类账户记入的方向（　　　　）。

10. 收入类账户与资产类账户记入的方向（　　　　），与所有者权益类账户记入的方向（　　　　）。

二、单项选择

1. “借”“贷”作为记账符号所表示的含义是（　　）。

A. 记账方向　　　　B. 借款和贷款

C. 债权和债务　　D. 平衡关系

2. 借方登记增加额的是（　　）账户。

A. 资产类　　B. 负债类

C. 所有者权益类　　D. 损益类

3. 在会计期末一般没有余额的账户是（　　）。

A. 应付账款　　B. 财务费用

C. 利润分配　　D. 实收资本

4. “生产成本”账户的期末余额反映（　　）。

A. 销售成本　　B. 在产品成本

C. 经营成本　　D. 半成品

5. 下列会计分录中属于简单会计分录的是（　　）。

A. 一借一贷的会计分录　　B. 一借多贷的会计分录

C. 一贷多借的会计分录　　D. 多借多贷的会计分录

6. 账户分为借贷两方，哪一方登记增加金额，哪一方登记减少金额，是由（　　）。

A. 采用什么记账形式所决定的

B. 采用什么核算方法所决定的

C. 账户所反映的经济内容即账户的性质所决定的

D. 增加数记借方减少数记贷方

7. 对会计要素的具体内容进行分类核算的项目称为（　　）。

A. 会计科目　　B. 会计原则

C. 会计要素　　D. 会计方法

8. 企业期初资产总额为100万元，本期接受投资30万元，偿还负债10万元，收回欠款5万元，则期末的资产总额应为（　　）。

A. 120万元　　B. 110万元

C. 125万元　　D. 130万元

9. 某账户本期期初余额为5000元，本期期末余额为7000元，本期减少发生额为8000元，则该账户本期增加发生额为（　　）。

A. 4000　　B. 10000

C. 6000　　D. 12000

10. 我国目前采用的复式记账法是（　　）。

A. 增减记账法　　B. 收付记账法

C. 借贷记账法　　D. 单式记账法

11. 总分类科目和明细分类科目，是按照反映会计信息的（　　）进行的分类。

A. 内容　　B. 用途

C. 结构　　D. 详细程度

12. 在下面复合会计分录中，“银行存款”账户的对应账户是（　　）。

借：原材料　　50000

　贷：银行存款　　30000

　　应付账款　　20000

A. 应付账款　　B. 银行存款
C. 原材料　　D. 原材料和银行存款

13. 从银行提取现金，在采用收付转记账凭证时，应填制的记账凭证是（　　）。
A. 现金收款凭证　　B. 银行存款付款凭证
C. 转账凭证　　D. 分别填制银行存款付款凭证和现金收款凭证

14. 投资人投入设备，在采用收付转记账凭证时，应填制的记账凭证是（　　）。
A. 收款凭证　　B. 付款凭证
C. 转账凭证　　D. 汇总记账凭证

15. 填制记账凭证的依据是（　　）。
A. 自制的原始凭证　　B. 外来的原始凭证
C. 汇总原始凭证　　D. 审核无误的原始凭证

三、多项选择

1. 下列会计科目中，属于资产类科目的有（　　）。
A. 预付账款　　B. 应收账款
C. 预收账款　　D. 其他应收款

2. 下列会计科目中，属于负债类科目的有（　　）。
A. 短期借款　　B. 预付账款
C. 应付账款　　D. 应交税费

3. 下列会计科目中，属于所有者权益类科目的有（　　）。
A. 盈余公积　　B. 投资收益
C. 本年利润　　D. 利润分配

4. 下列会计科目属于成本类的科目有（　　）。
A. 原材料　　B. 库存商品
C. 制造费用　　D. 生产成本

5. 下列项目中，属于损益类会计科目的有（　　）。
A. 固定资产　　B. 利润分配
C. 管理费用　　D. 投资收益

6. 记账凭证按其反映的经济业务内容与货币资金的关系可分为（　　）。
A. 收款凭证　　B. 付款凭证
C. 转账凭证　　D. 汇总记账凭证

7. 借方登记增加额的有（　　）类账户。
A. 资产　　B. 负债
C. 成本　　D. 费用

8. 下列属于负债类账户的有（　　）。
A. 应付职工薪酬　　B. 应收票据
C. 管理费用　　D. 长期借款

9. 下列属于所有者权益类账户的有（　　）。
A. 无形资产　　B. 盈余公积

C. 管理费用　　　　D. 本年利润

10. 下列项目中，“贷”表示增加的有（　　）类账户。

A. 资产　　　　B. 负债

C. 所有者权益　　　　D. 收入

11. 下列项目中，“借”表示减少的会计要素为（　　）。

A. 资产　　　　B. 负债

C. 所有者权益　　　　D. 费用

12. 下列各项中，属于企业债权的有（　　）。

A. 应收账款　　　　B. 应付账款

C. 预收账款　　　　D. 预付账款

13. 根据借贷记账法的账户结构，账户贷方登记的内容有（　　）。

A. 收入的增加　　　　B. 所有者权益的增加

C. 资产的增加　　　　D. 负债的增加

14. 经济业务的发生，一方面引起资产项目增加，另一方面还可能引起（　　）。

A. 负债项目增加　　　　B. 负债项目减少

C. 所有者权益项目增加　　　　D. 所有者权益项目减少

15. 下列账户中，期末一般无余额的有（　　）。

A. 主营业务收入　　　　B. 主营业务成本

C. 实收资本　　　　D. 应付账款

四、判断

1. 复式记账法就是对每项经济业务，都必须在两个以上账户中进行登记。（　　）

2. 我国会计准则规定企业会计核算应采用借贷记账法。（　　）

3. 损益类账户期末均无余额，负债类账户期末均有余额。（　　）

4. 成本类账户与资产类账户相同，期末均有余额，且余额在借方。（　　）

5. 负债类账户的期末余额等于本期贷方发生额减去本期借方发生额。（　　）

6. 生产成本账户的期末余额一般在借方，因此该账户属于资产类账户。（　　）

7. 在借贷记账法下，借表示增加，贷表示减少。（　　）

8. 本年利润账户属于所有者权益类账户。（　　）

9. 企业从银行提取现金，一方面表现为库存现金的增加，另一方面表现为银行存款的减少，因此在采用收付转记账凭证时，应编制现金收款凭证和银行存款付款凭证。（　　）

10. “预收账款”属于负债类账户，“预付账款”属于资产类账户。（　　）

五、连连看

（一）

会计要素的具体内容	会计科目
1. 存放在企业保险柜中的现钞	A. 应收账款
2. 存放在银行或其他金融机构的各种款项	B. 银行存款
3. 向银行等借入的偿还期在一年以上的借款	C. 应付职工薪酬
4. 因销售商品等应向购货方收取的款项	D. 应收票据
5. 向银行借入的偿还期在一年以内（含一年）的借款	E. 长期借款
6. 因销售商品等收到的商业汇票	F. 库存现金
7. 企业因购买货物等承兑的商业汇票	G. 短期借款
8. 因购买材料、商品等而发生的债务	H. 应付票据
9. 因预先向购货方收取一部分货款而产生的负债	I. 应付账款
10. 应付给职工的各种薪酬	J. 预收账款

（二）

会计要素的具体内容	会计科目
1. 在商品交易中按合同约定预先支付的部分货款	A. 实收资本
2. 利润分配及未进行分配的利润	B. 固定资产
3. 按照税法规定计算应缴纳的各种税费	C. 应交税费
4. 当期实现的净利润	D. 库存商品
5. 库存的用于生产的各种原料	E. 本年利润
6. 应付给投资者的现金股利	F. 盈余公积
7. 投资者按照约定，实际投入企业的资本	G. 应付股利
8. 使用期限超过一年的有形资产，如厂房、机器设备	H. 预付账款
9. 企业按照规定从净利润中提取的各种公积金	I. 利润分配
10. 库存的用于销售的各种产品	J. 原材料

（三）

会计要素的具体内容	会计科目
1. 在日常活动中主营项目取得的收入	A. 主营业务成本
2. 在确认主营业务收入时结转的成本	B. 其他业务收入
3. 非营业活动发生的支出	C. 营业外收入
4. 在确认其他业务收入时结转的成本	D. 其他业务成本
5. 在日常活动中非主营项目所取得的收入	E. 主营业务收入
6. 车间为生产产品而发生的各项间接费用	F. 营业外支出
7. 销售过程中发生的各项费用	G. 销售费用
8. 非营业活动取得的收入	H. 制造费用
9. 管理企业生产经营所发生的各项费用	I. 管理费用
10. 筹集资金所发生的费用	J. 财务费用

六、职业能力训练

训 练 一

【目的】熟悉账户。

【资料】锦宁市鸿运食品公司的有关资料如下：

1. 企业的厂房及机器设备
2. 仓库储存的材料
3. 企业持有的库存现金
4. 企业存在银行的存款
5. 企业拥有的专利权
6. 企业应上缴国家的各项税费
7. 企业购买办公用品的费用
8. 企业应付职工的工资
9. 企业应付采购材料的款项
10. 企业为销售产品发生的广告费
11. 企业从银行取得的期限为一年的借款
12. 企业从净利润中提取的公积金
13. 企业销售产品未收到的价款

【要求】分析上述项目的内容应在哪些账户中反映，写出账户的名称。

训 练 二

【目的】熟悉发生额及余额。

【资料】东林公司的有关资料如下：

1. 东林公司 2019 年 4 月初“原材料”总账的借方余额为 15000 元。
2. 该公司 4 月发生以下材料收、发业务：

（1）3 日，购入材料价值 5000 元，材料验收入库，款项以银行存款支付。

（2）6 日，购入材料 2000 元，货款未付，材料验收入库。

（3）15 日，生产车间为生产产品领用材料 3500 元。

（4）20 日，管理部门领用材料 3000 元。

【要求】

1. 计算“原材料”账户的本期增加发生额、本期减少发生额及余额。

   本期增加发生额 =

   本期减少发生额 =

   期末余额 =

2. 完成表 2 – 1“原材料”账户的登记。

表 2－1 **总　　账**

会计科目 原材料

2019年		凭证编号	摘要	借方										贷方										借或贷	余额									
月	日			千	百	十	万	千	百	十	元	角	分	千	百	十	万	千	百	十	元	角	分		千	百	十	万	千	百	十	元	角	分
4	1		期初余额																					借										

训　练　三

【目的】掌握各账户本期发生额与期末余额的关系。

【资料】如表 2－2 所示。

【要求】计算表 2－2 中空格的数字并用“借、贷”表示出期末余额的方向。

表 2－2

账户名称	期初余额		本期发生额		借或贷	期末余额
	借方	贷方	借方	贷方		
长期借款		15000	16000	25000		
无形资产	50000		35000	0		
库存现金	960		400	600		
银行存款	60000		16500	58000		
资本公积		96000	0	80000		
原材料	45000		8000	1600		
固定资产	60000		35000	20000		

训　练　四

【目的】熟悉借贷记账法，编制会计分录。

【资料】达远公司 2019 年 4 月发生如下经济业务。

【要求】写出会计分录。

1. 5 日，收到外单位投资的一项非专利技术，价值 24000 元。

2. 6 日，收到外单位归还的前欠货款 20000 元，存入银行。

3. 7 日，以银行存款归还短期借款 80000 元。

4. 8 日，购入某项设备，价值 40000 元，以银行存款支付。

5. 9 日，将现金 2000 元送存银行。

6. 10 日，经批准将资本公积 50000 元转增企业资本。

7. 11 日，收到外单位投入的款项 150000 元，存入银行。

8. 12 日，以银行存款支付产品展览费 28000 元。

9. 13 日，以现金 880 元支付厂部办公费。

10. 14 日，以银行存款 24000 元支付前欠货款。

11. 15 日，从银行提现金 6800 元。

12. 16 日，以现金支付本月应付的职工工资 138000 元。

13. 17 日，办公室主任张平预借差旅费 3500 元，以现金支付。

14. 19 日，从银行取得三年期借款 38000 元。

七、岗位实训

实 训 一

【目的】根据经济业务描述，练习收付款记账凭证的填制。

【资料】大华机械厂 2019 年 4 月份发生如下经济业务（会计李红负责编制记账凭证的工作）。

【要求】根据经济业务描述编制记账凭证表 2 – 3 至表 2 – 12。

1. 4 月 2 日，收到 A 公司偿还的前欠货款 20000 元，存入银行。

表 2 – 3

收款记账凭证

凭证编号：

年 月 日

借方科目：

摘 要	结算方式	票号	贷方科目		金 额										记账符号
			总账科目	明细科目	千	百	十	万	千	百	十	元	角	分	
附单据 张			合 计												

会计主管 记账 稽核 制单 出纳 交款人

2. 4月3日，销售乙产品一批，售价80000元，款项已存入银行（暂不考虑增值税）。

表2-4 收款记账凭证

凭证编号：

年 月 日 借方科目：

摘要	结算方式	票号	贷方科目		金额										记账符号
			总账科目	明细科目	千	百	十	万	千	百	十	元	角	分	
附单据 张			合 计												

会计主管 记账 稽核 制单 出纳 交款人

3. 4月6日，购进甲材料一批，货款为10000元，款项已用银行存款支付，材料运到并验收入库（不考虑增值税）。

表2-5 付款记账凭证

凭证编号：

年 月 日 贷方科目：

摘要	结算方式	票号	借方科目		金额										记账符号
			总账科目	明细科目	千	百	十	万	千	百	十	元	角	分	
附单据 张			合 计												

会计主管 记账 稽核 制单 出纳 收款人

4. 4 月 8 日，接受 H 公司现金投资 1200000 元，存入银行。

表 2－6

收 款 记 账 凭 证

凭证编号：

年　月　日　　　　借方科目：

摘　要	结算方式	票号	贷方科目		金　额										记账符号
			总账科目	明细科目	千	百	十	万	千	百	十	元	角	分	
附单据　张			合　计												

会计主管　　记账　　稽核　　制单　　出纳　　交款人

5. 4 月 10 日，以银行存款偿还已到期的长期借款 80000 元。

表 2－7

付 款 记 账 凭 证

凭证编号：

年　月　日　　　　贷方科目：

摘　要	结算方式	票号	借方科目		金　额										记账符号
			总账科目	明细科目	千	百	十	万	千	百	十	元	角	分	
附单据　张			合　计												

会计主管　　记账　　稽核　　制单　　出纳　　收款人

6. 4 月 16 日，根据合同规定，预收 M 公司购买乙产品的价款 40000 元，已存入银行。

表 2 –8

收款记账凭证

凭证编号：

年　月　日　　　　借方科目：

摘　要	结算方式	票号	贷方科目		金　额										记账符号
			总账科目	明细科目	千	百	十	万	千	百	十	元	角	分	
附单据　张			合　计												

会计主管　　记账　　稽核　　制单　　出纳　　交款人

7. 4 月 19 日，从银行提取现金 1000 元，备用。

表 2 –9

付款记账凭证

凭证编号：

年　月　日　　　　贷方科目：

摘　要	结算方式	票号	借方科目		金　额										记账符号
			总账科目	明细科目	千	百	十	万	千	百	十	元	角	分	
附单据　张			合　计												

会计主管　　记账　　稽核　　制单　　出纳　　收款人

8. 4 月 21 日，购买办公用品，发票上记载金额为 600 元，以现金支付。

表 2－10　　　　**付 款 记 账 凭 证**

凭证编号：

年　月　日　　　　贷方科目：

摘　要	结算方式	票号	借方科目		金　额										记账符号
			总账科目	明细科目	千	百	十	万	千	百	十	元	角	分	
附单据　张			合　计												

会计主管　　记账　　稽核　　制单　　出纳　　收款人

9. 4 月 28 日，取得短期借款 20000 元，存入银行。

表 2－11　　　　**收 款 记 账 凭 证**

凭证编号：

年　月　日　　　　借方科目：

摘　要	结算方式	票号	贷方科目		金　额										记账符号
			总账科目	明细科目	千	百	十	万	千	百	十	元	角	分	
附单据　张			合　计												

会计主管　　记账　　稽核　　制单　　出纳　　交款人

10. 4月30日，办公室主任李强出差预借差旅费800元，以现金支付。

表2-12 **付款记账凭证**

凭证编号：

年 月 日 贷方科目：

<table>
<tr><td rowspan="2">摘 要</td><td rowspan="2">结算方式</td><td rowspan="2">票号</td><td colspan="2">借方科目</td><td colspan="10">金 额</td><td rowspan="2">记账符号</td></tr>
<tr><td>总账科目</td><td>明细科目</td><td>千</td><td>百</td><td>十</td><td>万</td><td>千</td><td>百</td><td>十</td><td>元</td><td>角</td><td>分</td></tr>
<tr><td></td><td></td><td></td><td></td><td></td><td></td><td></td><td></td><td></td><td></td><td></td><td></td><td></td><td></td><td></td><td></td></tr>
<tr><td></td><td></td><td></td><td></td><td></td><td></td><td></td><td></td><td></td><td></td><td></td><td></td><td></td><td></td><td></td><td></td></tr>
<tr><td></td><td></td><td></td><td></td><td></td><td></td><td></td><td></td><td></td><td></td><td></td><td></td><td></td><td></td><td></td><td></td></tr>
<tr><td></td><td></td><td></td><td></td><td></td><td></td><td></td><td></td><td></td><td></td><td></td><td></td><td></td><td></td><td></td><td></td></tr>
<tr><td colspan="3">附单据 张</td><td colspan="2">合 计</td><td></td><td></td><td></td><td></td><td></td><td></td><td></td><td></td><td></td><td></td><td></td></tr>
</table>

会计主管 记账 稽核 制单 出纳 收款人

实 训 二

【目的】根据经济业务描述，练习记账凭证的填制。

【资料】华侨棉纺厂2019年4月份发生如下经济业务（会计孙丽负责编制记账凭证的工作）。

【要求】根据经济业务描述编制记账凭证表2-13至表2-24。

1. 4月6日，从H公司购进甲材料一批，货款为80000元，款项尚未支付，材料已验收入库（暂不考虑增值税）。

表2-13 **转账记账凭证**

年 月 日 凭证编号：

<table>
<tr><td rowspan="2">摘 要</td><td colspan="2">会计科目</td><td colspan="10">借方金额</td><td colspan="10">贷方金额</td><td rowspan="2">记账符号</td></tr>
<tr><td>总账科目</td><td>明细科目</td><td>千</td><td>百</td><td>十</td><td>万</td><td>千</td><td>百</td><td>十</td><td>元</td><td>角</td><td>分</td><td>千</td><td>百</td><td>十</td><td>万</td><td>千</td><td>百</td><td>十</td><td>元</td><td>角</td><td>分</td></tr>
<tr><td></td><td></td><td></td><td></td><td></td><td></td><td></td><td></td><td></td><td></td><td></td><td></td><td></td><td></td><td></td><td></td><td></td><td></td><td></td><td></td><td></td><td></td><td></td><td></td></tr>
<tr><td></td><td></td><td></td><td></td><td></td><td></td><td></td><td></td><td></td><td></td><td></td><td></td><td></td><td></td><td></td><td></td><td></td><td></td><td></td><td></td><td></td><td></td><td></td><td></td></tr>
<tr><td></td><td></td><td></td><td></td><td></td><td></td><td></td><td></td><td></td><td></td><td></td><td></td><td></td><td></td><td></td><td></td><td></td><td></td><td></td><td></td><td></td><td></td><td></td><td></td></tr>
<tr><td></td><td></td><td></td><td></td><td></td><td></td><td></td><td></td><td></td><td></td><td></td><td></td><td></td><td></td><td></td><td></td><td></td><td></td><td></td><td></td><td></td><td></td><td></td><td></td></tr>
<tr><td>附单据 张</td><td colspan="2">合 计：</td><td></td><td></td><td></td><td></td><td></td><td></td><td></td><td></td><td></td><td></td><td></td><td></td><td></td><td></td><td></td><td></td><td></td><td></td><td></td><td></td><td></td></tr>
</table>

会计主管 记账 稽核 制单 出纳

2. 4月9日，接受大华公司投入的机器设备一台，价值30000元。

表2－14 **转账记账凭证**

年 月 日 凭证编号：

摘要	会计科目		借方金额										贷方金额										记账符号
	总账科目	明细科目	千	百	十	万	千	百	十	元	角	分	千	百	十	万	千	百	十	元	角	分	
附单据 张	合 计：																						

会计主管 记账 稽核 制单 出纳

3. 4月10日，生产A产品领用甲材料40000元。

表2－15 **转账记账凭证**

年 月 日 凭证编号：

摘要	会计科目		借方金额										贷方金额										记账符号
	总账科目	明细科目	千	百	十	万	千	百	十	元	角	分	千	百	十	万	千	百	十	元	角	分	
附单据 张	合 计：																						

会计主管 记账 稽核 制单 出纳

4. 4月30日，销售丙产品一批给四方公司，售价16000元，商品已发出，款项尚未收到（暂不考虑增值税）。

表 2－16

转账记账凭证

年　月　日　　　　凭证编号：

摘要	会计科目		借方金额										贷方金额										记账符号
	总账科目	明细科目	千	百	十	万	千	百	十	元	角	分	千	百	十	万	千	百	十	元	角	分	
附单据　张	合　计：																						

会计主管　　　　记账　　　　稽核　　　　制单　　　　出纳

实　训　三

【目的】根据原始凭证，描述经济业务，编制记账凭证。

【资料】鸿运食品有限公司 2019 年 4 月发生如下业务。

【要求】根据原始凭证描述经济业务，并编制记账凭证。

1.（1）原始凭证（见表 2－17）。

表 2－17

券种明细

券种	张数	金额
壹佰元	62	6200
伍拾元		
贰拾元		
拾元		
伍元		
贰元		
壹元		
伍角		
贰角		
壹角		
伍分		
贰分		
壹分		
合计		

现金缴款单

缴款日期：2019年 4月 12日

缴款单位	全　称	鸿运食品有限公司	账号	3456178									
	开户银行	工商银行凌云支行											
款项来源		销货款	百	十	万	千	百	十	元	角	分		
人民币（大写）		陆仟贰佰元整			¥	6	2	0	0	0	0		
现金			复核员				出纳收款员						
收讫			复核员				记账员						

第一联：回单

中国工商银行股份有限公司凌云支行
2019.04.12
核算用章

（2）经济业务描述：________________________________

（3）编制通用记账凭证（见表 2－18）。

表 2－18

通用记账凭证

年　月　日　　　　　　　　　　　　　　凭证编号：

摘　　要	会计科目		借方金额										贷方金额										记账符号
	总账科目	明细科目	千	百	十	万	千	百	十	元	角	分	千	百	十	万	千	百	十	元	角	分	
附单据　　张	合　　计：																						

会计主管　　　　记账　　　　稽核　　　　制单　　　　出纳　　　　交领款人

2. （1）原始凭证（见表 2－19）。

表 2－19

领　　料　　单

领料单位：生产车间

用途：生产产品　　　　　　2019年4月18日　　　　　　发料仓库：1号库

材料名称	材料编号	规格	计量单位	数量	单位成本	金额	备注
面粉	2		千克	1000	2.5	2500.00	
合计						2500.00	

财务留存

发料人：王景　　　　领料单位负责人：李晶　　　　领料人：刘海

（2）经济业务描述：________________________________

（3）编制通用记账凭证（见表 2－20）。

表 2－20

通用记账凭证

年　月　日　　　　　　　　　　　　　　凭证编号：

摘　　要	会计科目		借方金额										贷方金额										记账符号
	总账科目	明细科目	千	百	十	万	千	百	十	元	角	分	千	百	十	万	千	百	十	元	角	分	
附单据　　张	合　　计：																						

会计主管　　　　记账　　　　稽核　　　　制单　　　　出纳　　　　交领款人

3.（1）原始凭证（见表2－21）。

表2－21

辽宁省增值税专用发票

（印章：全国统一发票监制章 辽宁 国家税务总局监制）

2100163160　　　　　　　　　　　　　　　　　　　　　　　　№　00425107

此联不作报销、扣税凭证使用　　开票日期：　2019年4月20日

购买方	名　　称：锦宁市百货商厦 纳税人识别号：91210703458797584X 地址、电话：锦宁市解放东路62号3865700 开户行及账号：工商银行解放支行2125789					密码区	略	
货物或应税劳务、服务名称		规格型号	单位	数量	单价	金额	税率	税额
面包		1KG	箱	10	38.00	380.00	13%	49.40
合　　计						￥380.00		￥49.40
价税合计（大写）		⊗肆佰贰拾玖圆肆角整				（小写）￥429.40		
销售方	名　　称：鸿运食品有限公司 纳税人识别号：91210703210719761A 地址、电话：锦宁市渤海大街18号3769100 开户行及账号：工商银行凌云支行3456178					备注	（印章：鸿运食品有限公司 91210703210719761A 发票专用章）	

收款人：郑芳　　　复核：蔡森　　　开票人：周明　　　销售方：（章）

第一联：记账联　销货方记账凭证

（2）经济业务描述：____。

（3）编制通用记账凭证（见表2－22）。

表2－22

通用记账凭证

年　月　日　　　　　　　　　　　　　　　　凭证编号：

摘　要	会计科目		借方金额										贷方金额										记账符号
	总账科目	明细科目	千	百	十	万	千	百	十	元	角	分	千	百	十	万	千	百	十	元	角	分	
附单据　张	合　计：																						

会计主管　　　记账　　　稽核　　　制单　　　出纳　　　交领款人

4. （1）原始凭证（见表2－23）。

表2－23

辽宁省增值税专用发票

发 票 联

全国统一发票监制章 国家税务总局监制

2100163160

№ 0233369

开票日期： 2019年5月26日

购买方	名　　称：鸿运食品有限公司 纳税人识别号：91210703210719761A 地址、电话：锦宁市渤海大街18号3769100 开户行及账号：工商银行凌云支行3456178	密码区	略	

货物或应税劳务、服务名称	规格型号	单位	数量	单价	金额	税率	税额
广告服务		项	1	600.00	600.00	6%	36.00
合　　计					￥600.00		￥36.00
价税合计（大写）	⊗陆佰叁拾陆圆整				（小写）￥636.00		

销售方	名　　称：飞天广告公司 纳税人识别号：91210703210618775Q 地址、电话：锦宁市中央大街28号3987666 开户行及账号：工商银行城内支行69852225	备注	飞天广告公司 91210703210618775Q 发票专用章

收款人：郑琳　　复核：吴敏　　开票人：王琳　　销售方：（章）

第三联：发票联　购货方记账凭证

（2）经济业务描述：________________________________。

（3）编制通用记账凭证（见表2－24）。

表2－24

通用记账凭证

年　月　日　　　　凭证编号：

摘　要	会计科目		借方金额										贷方金额										记账符号
	总账科目	明细科目	千	百	十	万	千	百	十	元	角	分	千	百	十	万	千	百	十	元	角	分	
附单据　张	合　计：																						

会计主管　　记账　　稽核　　制单　　出纳　　交领款人

第三单元

企业主要经济业务的核算

一、填空

1. 资金在周转过程中，经历了（　　　　）、（　　　　）和（　　　　）三个阶段。

2.（　　　　）是企业生产经营过程的第一阶段，主要任务是进行物资采购，储备生产需要的各项材料物资。

3.（　　　　）是企业生产经营过程的中心环节，主要任务是生产社会需要的产品。

4.（　　　　）是企业生产经营过程的最后阶段，主要任务是将生产的产品销售出去以满足社会需要，取得销售收入，使企业的生产耗费得到补偿。

5.（　　　　）是发货票的一种，由销售单位开具，只限于增值税一般纳税人领购使用。

6. 增值税专用发票一式三联，第一联（　　　　），销货方保留作为销售货物的原始凭证；第二联抵扣联，购货方用来扣税；第三联发票联，购货方用来记账。销售方开具增值税专用发票后，将（　　　　）联和（　　　　）联交给购买方。

7. 企业取得增值税专用发票的（　　　　）联和（　　　　）联，说明本业务是企业的购货业务。

8. 取得（　　　　）凭证，说明仓库中原材料增加。

9.（　　　　）是出票人签发的，委托办理支票存款业务的银行见票时无条件支付确定的金额给收款人或持票人的票据。

10. 支票为单联式，分左右两部分，左边（　　　　），签发方作为原始凭证；右边（　　　　），交收款方。

11. 某笔经济业务所附原始凭证为鸿运食品有限公司签发的转账支票存根，说明企业是（　　　　）款方。

12. 固定资产验收交接单一式三联，第一联（　　　　）留存记账，第二联资产管理部门存查，第三联采购部门留存。

13. 领料单第二联为（　　　　）联，会计部门作为出库材料核算依据。

14. 业务所附原始凭证有工资结算单且相关职工已经签名，说明该结算单上的工资已经发放给职工，企业的库存现金减少，应记入（　　　　）账户的贷方。

15. （　　　　）一般应编制一式三份。一份由劳动工资部门存查；一份按每一职工裁成“工资条”，连同工资一起发给职工；一份在发放工资时由职工签章后交财会部门作为工资核算的凭证，并用以代替工资的明细核算。

16. （　　　　）反映企业每期计提固定资产折旧情况，一般在月末由财会部门编制，作为计提折旧记账凭证的附件。

17. 完工产品成本的计算，需要通过产品成本计算单进行。产品完工验收入库时，（　　　　）和（　　　　）缺一不可。

18. 企业开出增值税专用发票并留存记账联说明本业务是企业的（　　　　）业务。

19. （　　　　）是持票人或收款人将票据存入银行时填制的凭证。

20. （　　　　）是企业核算库存商品出库情况的原始单据。由销售人员开具，一式四联，第一联为存根联，留销售备查；第二联为记账联，留会计部门；第三联为结算联，交提货人；第四联为发货联，仓储部门据此发货。

21. （　　　　）是出差人员完成出差任务后进行报销的单据。

22. 按照《会计基础工作规范》规定，企业期末结转（　　　　）类账户余额可以不附原始凭证。

二、单项选择

1. 企业购买原材料时从供应单位取得（　　）。
   A. 增值税专用发票的发票联、抵扣联
   B. 增值税专用发票的抵扣联、记账联
   C. 增值税专用发票的发票联、记账联
   D. 增值税专用发票的记账联、材料验收入库单

2. 企业购买原材料时需要仓储部门验收，开具（　　）。
   A. 增值税专用发票　　B. 材料验收入库单
   C. 转账支票　　D. 银行进账单

3. 材料验收入库单一般一式三联，其中第二联记账联一般交给（　　）。
   A. 仓储部门　　B. 供应部门
   C. 财务部门　　D. 客户

4. 企业购买原材料取得增值税专用发票，除登记“原材料”账户借方外，还应记入（　　）账户的借方。
   A. 应交税费　　B. 银行存款
   C. 应付账款　　D. 固定资产

5. “应交税费”账户属于（　　）类账户。
   A. 资产类　　B. 负债类
   C. 所有者权益类　　D. 成本类

6. 企业持有（　　）原始凭证说明企业银行存款减少。

A. 现金缴款单　　B. 专用收款收据
C. 现金支票存根联　　D. 转账支票支票联

7. 企业签发转账支票偿还前欠货款，应借记（　　）账户。
A. 银行存款　　B. 应付账款
C. 固定资产　　D. 库存现金

8. 下列说法中正确的是（　　）。
A. 签发支票时出票日期可以用小写数字表示
B. 签发支票时收款人不能空白
C. 签发支票时只需要加盖单位公章，不需要加盖法人代表名章
D. 签发支票时金额栏可以由收款人自行填写

9. 企业购进固定资产，需要填制一式三联的固定资产验收交接单，（　　）与此无关。
A. 财务部门　　B. 资产管理部门
C. 采购部门　　D. 销售部门

10. 生产车间领用原材料，应填写（　　）。
A. 领料单　　B. 入库单
C. 出库单　　D. 提货单

11. 领料单一般一式三联，其中，第二联（　　）留会计部门作为出库材料核算依据。
A. 存根联　　B. 记账联
C. 保管联　　D. 业务联

12. 仓储部门发出材料，仓库中原材料减少，应记入（　　）账户的贷方。
A. 固定资产　　B. 原材料
C. 银行存款　　D. 库存现金

13. 生产产品直接消耗的材料费应记入（　　）账户的借方。
A. 原材料　　B. 生产成本
C. 库存商品　　D. 固定资产

14. 工资结算单一般应编制一式三份。一份由劳动工资部门存查；一份按每一职工裁成“工资条”，连同工资一起发给职工；一份在发放工资时由职工签章后交（　　）作为工资核算的凭证，并用以代替工资的明细核算。
A. 劳资部门　　B. 财务部门
C. 生产车间　　D. 管理部门

15. 固定资产折旧计算表反映企业每期计提固定资产折旧情况，一般在月末由（　　）编制，作为计提折旧记账凭证的附件。
A. 资产管理部门　　B. 财务部门
C. 生产车间　　D. 供应部门

16. 产品生产完工验收入库时，一般先通过产品成本计算单计算出完工产品成本，然后编制（　　）作为原始凭证。
A. 材料验收入库单　　B. 产成品入库单
C. 出库单　　D. 领料单

17. 产品生产完工验收入库时，应将其成本从“生产成本”账户转入（　　）账户。

A. 库存商品　　　　B. 原材料
C. 制造费用　　　　D. 主营业务成本

18. 月末分配职工工资时，应将生产工人工资记入（　　）账户。

A. 制造费用　　　　B. 管理费用
C. 生产成本　　　　D. 销售费用

19. 月末分配职工工资时，应将企业行政管理人员工资记入（　　）账户。

A. 制造费用　　　　B. 管理费用
C. 生产成本　　　　D. 销售费用

20. 制造费用属于（　　）账户，用来核算企业生产车间（部门）为生产产品和提供劳务而发生的各项间接费用。

A. 资产类　　　　B. 负债类
C. 所有者权益类　　　　D. 成本类

21. 车间机器设备计提折旧应在贷记“累计折旧”账户的同时，借记（　　）账户。

A. 生产成本　　　　B. 制造费用
C. 管理费用　　　　D. 销售费用

22. 企业销售商品，开具增值税专用发票，应保留（　　）联作为记账所附原始凭证。

A. 抵扣联　　　　B. 发票联
C. 记账联　　　　D. 存根联

23. 产成品入库单由（　　）开具。

A. 仓库保管员　　　　B. 财务会计人员
C. 车间管理人员　　　　D. 车间生产工人

24. 企业因销售商品等取得转账支票，应到银行办理进账手续，取得银行进账单的（　　）证明银行已经受理该业务。

A. 回单联　　　　B. 贷方凭证联
C. 收账通知联　　　　D. 发票联

25. 企业取得转账支票到银行办理进账手续，取得银行进账单的（　　）证明该款项已经收妥入账。

A. 回单联　　　　B. 贷方凭证联
C. 收账通知联　　　　D. 发票联

26. 主营业务收入属于（　　）账户，用来核算企业确认的销售商品、提供劳务等主营业务的收入额。

A. 资产类　　　　B. 负债类
C. 所有者权益类　　　　D. 损益类

27. 主营业务成本属于（　　）账户，用来核算企业确认主营业务收入时应结转的成本。

A. 资产类　　　　B. 负债类
C. 所有者权益类　　　　D. 损益类

28. 出差旅费报销单一般是单联式，由（　　）填制。

A. 财务人员　　　　B. 出差人员

C. 行政管理人员　　D. 车间生产工人

29. 财务费用账户属于（　　）账户，用来核算企业为筹集生产经营所需资金等而发生的筹资费用。

A. 资产类　　B. 负债类

C. 所有者权益类　　D. 损益类

30. 销售费用账户属于（　　）账户，用来核算企业在销售过程中发生的各种费用，以及为销售本企业商品而专设的销售机构的各项经营费用。

A. 资产类　　B. 负债类

C. 所有者权益类　　D. 损益类

31. 损益类账户发生额在期末全部转入（　　）账户。

A. 主营业务收入　　B. 本年利润

C. 实收资本　　D. 利润分配

32. 期末本年利润账户的借方发生额反映（　　）。

A. 损益（收入）类账户转入数　　B. 损益（费用）类账户转入数

C. 当期实现的净利润　　D. 当期发生的净亏损

33. 利润分配账户属于（　　）账户，用来核算企业利润的分配（或亏损的弥补）和历年分配后的余额。

A. 资产类　　B. 负债类

C. 所有者权益类　　D. 损益类

34. 盈余公积账户属于（　　）账户，用来核算企业从净利润中提取的盈余公积。

A. 资产类　　B. 负债类

C. 所有者权益类　　D. 损益类

三、多项选择

1. 在资金周转过程中，经历了（　　）阶段。

A. 生产准备过程　　B. 产品生产过程

C. 销售过程　　D. 利润形成过程

2. 在生产经营过程中，企业资金周转经历（　　）形式。

A. 货币资金　　B. 生产准备资金

C. 生产资金　　D. 产成品资金

3. 企业购买原材料，从销售单位取得增值税专用发票的（　　）。

A. 发票联　　B. 抵扣联

C. 记账联　　D. 收账通知联

4. 企业购买原材料业务所附原始凭证可能有（　　）。

A. 增值税专用发票的发票联　　B. 材料验收入库单

C. 转账支票存根　　D. 固定资产入库单

5. 鸿运食品有限公司从锦宁市养鸡场购买鲜鸡蛋，开出转账支票支付款项，则鸿运食品有限公司为（　　）。

A. 购买方　　B. 销售方

C. 保留转账支票存根　　D. 取得转账支票的支票联

6. 企业签发转账支票，应加盖（　　）。

A. 单位财务专用章　　B. 法人代表名章

C. 银行业务章　　D. 发票专用章

7. 企业贷记“银行存款”，对应的借方可能是（　　）。

A. 库存现金　　B. 应付账款

C. 原材料　　D. 固定资产

8. 企业签发转账支票进行会计处理时，借方可能是（　　）。

A. 其他应付款　　B. 应付账款

C. 原材料　　D. 固定资产

9. 企业购买固定资产，应填制一式三联的固定资产验收交接单，并由（　　）留存。

A. 采购部门　　B. 资产管理部门

C. 财务部门　　D. 人事劳资部门

10. 企业购进固定资产已验收入库，款未付，该业务相关的原始凭证应当有（　　）。

A. 固定资产验收交接单　　B. 增值税专用发票

C. 转账支票支票联　　D. 银行进账单

11. （　　）属于成本类账户。

A. 制造费用　　B. 管理费用

C. 销售费用　　D. 生产成本

12. “生产成本”账户的借方反映企业生产产品直接消耗的材料费、人工费以及月末转入的制造费用，对应的贷方科目可能有（　　）。

A. 原材料　　B. 应付职工薪酬

C. 制造费用　　D. 管理费用

13. 企业月末计算分配职工工资时，贷记“应付职工薪酬”，借方对应的账户有（　　）。

A. 生产成本　　B. 制造费用

C. 管理费用　　D. 销售费用

14. 企业发放职工工资时，借记“应付职工薪酬”，贷方对应的账户可能有（　　）。

A. 库存现金　　B. 营业外收入

C. 银行存款　　D. 主营业务收入

15. 产品生产完工验收入库，进行会计处理时涉及的账户有（　　）。

A. 生产成本　　B. 制造费用

C. 管理费用　　D. 库存商品

16. 企业销售商品，开具增值税专用发票，增值税专用发票一式三联，分别是(　　)。

A. 存根联　　B. 发票联

C. 抵扣联　　D. 记账联

17. 企业销售商品，开具增值税专用发票，收到对方签发的转账支票送存银行，企业编制记账凭证时所附原始凭证有（　　　）。

A. 增值税专用发票记账联　　B. 转账支票

C. 银行进账单　　D. 增值税专用发票联

18. 银行进账单一式三联，分别是（　　　）。

A. 回单联　　B. 贷方凭证

C. 收账通知联　　D. 支票联

19. 企业销售商品，收取款项，进行会计处理时涉及的账户有（　　　）。

A. 主营业务收入　　B. 应交税费

C. 银行存款　　D. 应收账款

20. 企业销售商品，结转成本时涉及的账户有（　　　）。

A. 主营业务成本　　B. 主营业务收入

C. 库存商品　　D. 生产成本

21. 企业管理人员出差报销差旅费进行会计处理时可能涉及的账户有（　　　）。

A. 管理费用　　B. 库存现金

C. 其他应收款　　D. 应收账款

22. 期末结转损益类账户余额时，转入到“本年利润”账户借方的有（　　　）。

A. 主营业务收入　　B. 营业外收入

C. 管理费用　　D. 财务费用

23. 期末结转损益类账户余额时，转入到“本年利润”账户贷方的有（　　　）。

A. 主营业务收入　　B. 营业外收入

C. 管理费用　　D. 财务费用

四、连连看

原始凭证名称	生产经营环节
1. 材料验收入库单	A. 领用材料
2. 领料单	B. 销售商品
3. 产成品入库单	C. 购买材料
4. 库存商品出库单	D. 产品完工

五、职业能力训练

训　练　一

【目的】掌握填制原始凭证的正确方法。

【资料】鸿运食品有限公司 2019 年 6 月 5 日开出现金支票提现备用，支票样式如表3－1所示。

【要求】找出支票填制的错误之处。

表 3－1

转账支票存根	中国工商银行转账支票
（辽） 转账支票存根 $\frac{G}{0}\frac{S}{2}$ 00039894	中国工商银行 转账支票（辽） $\frac{G}{0}\frac{S}{2}$ 00039894 出票日期（大写）贰零壹玖年零六月零五日 付款行名称 工行凌云支行
附加信息	本支票付款期限十天 收款人： 出票人账号：3456178
	人民币（大写） 壹万四千元整
	用途
出票日期2019年6月5日	上列款项请从
收款人：	我账户内支付
金额：14000.0—	出票人签章 复核 记账
用途：	
单位主管 会计	

亿	千	百	十	万	千	百	十	元	角	分
				1	4	0	0	0		

训 练 二

【目的】掌握填制原始凭证的正确方法。

【资料】鸿运食品有限公司 2019 年 6 月 7 日生产车间领用鲜鸡蛋，领料单如表 3－2 所示。

【要求】找出领料单填制的错误之处。

表 3－2 **领 料 单**

领料单位：一车间 编号：

用途： 2019 年 6 月 7 日 发料仓库：2 号库

材料名称	材料编号	规格	计量单位	数量	单位成本	金额	备注
鲜鸡蛋	15		kg	200	8	1600.00	
合计						¥1600.00	

财务留存

发料人： 领料单位负责人： 领料人：

训 练 三

【目的】掌握编制记账凭证的正确方法。

【资料】2019 年 6 月 16 日鸿运食品有限公司签发现金支票，存根如表 3－3 所示，财会部门根据现金支票存根编制记账凭证如表 3－4 所示。

【要求】找出记账凭证编制的错误之处。

表 3－3

中国工商银行 （辽）

现金支票存根

$\frac{G}{0}\frac{S}{2}$ 00039899

附加信息

出票日期 2019年6月16日

收款人：鸿运食品有限公司

金额：￥152000.00

用途：备发工资

单位主管 吴大伟 会计 孙娅

表 3－4

通 用 记 账 凭 证

2019 年 6 月 16 日 凭证编号：

摘要	会计科目		借方金额										贷方金额										记账符号
	总账科目	明细科目	千	百	十	万	千	百	十	元	角	分	千	百	十	万	千	百	十	元	角	分	
提现备发工资	应付职工薪酬				1	5	2	0	0	0	0	0											
	库存现金														1	5	2	0	0	0	0	0	
附单据　张	合　计：			￥	1	5	2	0	0	0	0	0		￥	1	5	2	0	0	0	0	0	

会计主管 吴大伟　　记账　　稽核　　制单　　出纳　　交领款人

训　练　四

【目的】掌握编制记账凭证的正确方法。

【资料】2019 年 6 月 19 日鸿运食品有限公司张晓出差回来，填制出差旅费报销单及借款单如表 3－5、表 3－6 所示，财会部门编制记账凭证如表 3－7 所示。

【要求】找出记账凭证编制的错误之处。

表 3－5　　　　　　　　　　　　**出差旅费报销单**

辽财会账证 50 号

单位：鸿运食品有限公司　　　　　　　　　　　　　　　　2019年 6月 19日填

月	日	时间	出发地	月	日	时间	到达地	机票费	车（船）费	卧铺费	夜行车补助		市内交通费		宿费			出差补助		其他	合计
											小时	金额	实支	包干	标准	实支	提成扣减	天数	金额		
6	15	8时	锦宁	6	15	10时	沈阳		60					20		600			60		740
6	18	20时	沈阳	6	18	22时	锦宁		60												60
合计									120					20		600			60		800

出差任务	开会	报销金额（大写）　人民币：零仟捌佰零拾零圆零角零分	预借金额	¥600.00
		单位领导 张峰　　部门负责人 张峰　　出差人 张晓	报销金额	¥800.00
			结余或超支	¥200.00

会计主管 关大伟　　　　记账　　　　审核 孙娅　　　　附单据 10张

表 3－6　　　　　　　　　　　　**借　款　单**（结算）

2019 年 6 月 15 日　　　　　　　　顺序第　　号

借款单位	*	姓名	* 张晓	级别	*	出差地点	* 沈阳市
						天　数	* 4天
事由	开会	借款金额（大写）	* 陆佰元整　　¥600.00				
实际报销金额	¥800.00	结余金额	¥	注意事项	一、有＊者由借款人填写 二、凡借用公款必须使用本单 三、第三联为正式借据由借款人和单位负责人签章 四、出差返回有三天内结算		
		超支金额	¥200.00				
收款单位公章				（原借款已报销结算完了并已收账） 经办人 2019 年 6 月 19 日			

第二联　会计结算转账凭证

表 3－7　　　　　　　　　　　　**通 用 记 账 凭 证**

2019 年 6 月 19 日　　　　　　　　凭证编号：27

摘　要	总账科目	明细科目	借方 千	百	十	万	千	百	十	元	角	分	贷方 千	百	十	万	千	百	十	元	角	分	记账符号
张晓报销差旅费	管理费用							8	0	0	0	0											
	库存现金																	8	0	0	0	0	
附单据 1 张	合　计：						¥	8	0	0	0	0					¥	8	0	0	0	0	

会计主管 关大伟　　　记账　　　稽核　　　制单 孙娅　　　出纳 田力　　　交领款人

训　练　五

【目的】熟悉与各项经济业务相关的原始凭证。

【要求】请根据文字描述准确说出各业务涉及的原始凭证。

【资料】相关资料如下：

1. 购买原材料，取得增值税专用发票，材料已经验收入库，签发转账支票支付款项。
2. 购买机器设备，取得增值税专用发票，设备已经交付使用，签发转账支票支付款项。
3. 从银行提取现金。
4. 将现金缴存银行。
5. 收取职工违规罚款。
6. 签发现金支票提取现金备发工资，实际发放职工工资。
7. 月末计算并分配当月职工工资。
8. 月末计算固定资产折旧。
9. 产品完工验收入库。
10. 销售商品，开出增值税专用发票，款项未收到。
11. 收到某单位开出转账支票偿还的前欠货款，已到银行办理进账手续。
12. 结转产品销售成本。
13. 签发现金支票，购买办公用品。
14. 签发转账支票支付产品展览费。
15. 支付银行借款利息。
16. 职工借款。
17. 职工报销差旅费，未预借款。
18. 职工报销差旅费，预借款超过报销额。
19. 职工报销差旅费，预借款低于报销额。
20. 收取某单位交来的包装物押金。

训　练　六

【目的】掌握填制原始凭证的正确方法。

【资料】2019 年 6 月 7 日，鸿运食品有限公司签发转账支票 60000 元支付前欠锦宁市第二糖业有限公司货款。

【要求】填制转账支票，票样如表 3－8 所示。

表 3－8

转账支票存根	中国工商银行 转账支票（辽）
（辽） 转账支票存根 $\frac{G}{0}\frac{S}{2}$ 00039907	$\frac{G}{0}\frac{S}{2}$ 00039907
附加信息	出票日期（大写）　年　月　日　付款行名称：
	本支票付款期限十天　收款人：　出票人账号：
	人民币（大写）　亿 千 百 十 万 千 百 十 元 角 分
出票日期　年　月　日	用途______
收款人：	上列款项请从
金额：	我账户内支付
用途：	出票人签章　复核　记账
单位主管　会计	

训　练　七

【目的】掌握填制原始凭证的正确方法。

【资料】2019 年 6 月 9 日生产车间王力持领料单到仓库领白糖 1000kg 用于蛋糕生产。

相关岗位设置如下：仓库保管员：李林　　　　车间负责人：张伟

白糖：材料编号 21，单价 7.00 元/kg，领料单编号 456

【要求】填制领料单，票样如表 3－9 所示。

表 3－9　　　　　　　　　　　　　　**领　料　单**

领料单位：　　　　　　　　　　　　　　　　　　　　　　　　编号：

用途：　　　　　　　　　　年　　月　　日　　　　　　　　　发料仓库：

材料名称	材料编号	规格	计量单位	数量		单位成本	金额	备注
				请领	实发			

发料人：　　　　　　　　　　　领料部门负责人：　　　　　　　　　　领料人：

训　练　八

【目的】掌握填制原始凭证的正确方法。

【资料】2019 年 6 月 15 日鸿运食品有限公司销售钙奶饼干 200 箱（规格：10kg）给锦宁市兴旺连锁超市，单价 80.00 元，款项未收。有关锦宁市兴旺连锁超市资料如下：

名称：锦宁市兴旺连锁超市

纳税人识别号：912107039898556621

地址、电话：锦宁市南内环街 27 号　2255666

开户行及账号：工商银行南山支行　6589987

【要求】填制增值税专用发票，票样如表 3－10 所示。

表 3－10

辽宁省增值税专用发票

全国统一发票监制章 辽宁 国家税务总局监制

2100163160　　　　№ 00425236

此联不作报销、扣税凭证使用　　开票日期：　　年　月　日

购买方	名　　称： 纳税人识别号： 地址、　电话： 开户行及账号：	密码区	略

货物或应税劳务、服务名称	规格型号	单位	数量	单价	金额	税率	税额
合　　计							
价税合计（大写）					（小写）		

销售方	名　　称： 纳税人识别号： 地址、　电话： 开户行及账号：	备注	

收款人：　　复核：　　开票人：　　销售方：（章）

第一联：记账联　销货方记账凭证

训　练　九

【目的】掌握填制原始凭证的正确方法。

【资料】2019 年 6 月 20 日鸿运食品有限公司收到锦宁市兴旺连锁超市开来的转账支票一张如表 3－11 所示，企业填写进账单办理入账手续。

【要求】填写银行进账单，票样如表 3－12 所示。

表 3－11

中国工商银行 转账支票（辽）　　$\frac{G}{0}\frac{S}{2}$　00039909

出票日期（大写）贰零壹玖年 陆月零贰拾日　　付款行名称：工商银行南山支行

收款人：鸿运食品有限公司　　出票人账号：6589987

本支票付款期限十天

人民币（大写）	亿	千	百	十	万	千	百	十	元	角	分
壹万捌仟伍佰陆拾元整				¥	1	8	5	6	0	0	0

用途 支付前欠货款

上列款项请从

我账户内支付

出票人签章　　锦宁市兴旺连锁超市财务专用章　刘超印

复核　　记账

表 3－12　　　　　　　　　　　　进账单（收账通知）　　3

年　　月　　日

<table>
<tr><td rowspan="3">出票人</td><td>全　称</td><td></td><td rowspan="3">收款人</td><td>全　称</td><td colspan="11"></td></tr>
<tr><td>账　号</td><td></td><td>账　号</td><td colspan="11"></td></tr>
<tr><td>开户银行</td><td></td><td>开户银行</td><td colspan="11"></td></tr>
<tr><td rowspan="2">金额</td><td colspan="4" rowspan="2">人民币
（大写）</td><td>亿</td><td>千</td><td>百</td><td>十</td><td>万</td><td>千</td><td>百</td><td>十</td><td>元</td><td>角</td><td>分</td></tr>
<tr><td></td><td></td><td></td><td></td><td></td><td></td><td></td><td></td><td></td><td></td><td></td></tr>
<tr><td colspan="2">票据种类</td><td>票据张数</td><td></td><td colspan="12" rowspan="3">开户银行签章</td></tr>
<tr><td colspan="2">票据号码</td><td colspan="2"></td></tr>
<tr><td colspan="4">复核　　　　记账</td></tr>
</table>

此联是收款人开户银行交给收款人的收账通知

六、岗位实训

实　训　一

【目的】正确编制记账凭证。

【资料】鸿运食品有限公司 2019 年 6 月 9 日相关业务原始凭证如表 3－13、表 3－14、表 3－15、表 3－16 所示。

【要求】根据原始凭证，描述经济业务，编制记账凭证，表 3－17 所示。

1. 原始凭证。

表 3－13　　　　　　　　　　辽宁省增值税专用发票

全国统一发票监制章　抵　扣　联　国家税务总局监制

2100163160　　　　　　　　　　　　　　　　№　00887459

开票日期：　2019 年 6 月 9 日

<table>
<tr><td rowspan="4">购买方</td><td colspan="6">名　　称：鸿运食品有限公司</td><td rowspan="4">密码区</td><td colspan="3" rowspan="4">略</td></tr>
<tr><td colspan="6">纳税人识别号：91210703210719761A</td></tr>
<tr><td colspan="6">地址、电话：锦宁市渤海大街18号3769100</td></tr>
<tr><td colspan="6">开户行及账号：工商银行凌云支行3456178</td></tr>
<tr><td colspan="2">货物或应税劳务、服务名称</td><td>规格型号</td><td>单位</td><td>数量</td><td>单价</td><td colspan="2">金额</td><td>税率</td><td>税额</td></tr>
<tr><td colspan="2">鲜鸡蛋</td><td></td><td>kg</td><td>500</td><td>8.00</td><td colspan="2">4000.00</td><td>9%</td><td>360.00</td></tr>
<tr><td colspan="2">合　　计</td><td></td><td></td><td></td><td></td><td colspan="2">¥ 4000.00</td><td></td><td>¥ 360.00</td></tr>
<tr><td colspan="2">价税合计（大写）</td><td colspan="8">⊗肆仟叁佰陆拾圆整　　　　（小写）¥ 4360.00</td></tr>
<tr><td rowspan="4">销售方</td><td colspan="6">名　　称：锦宁市保真养鸡场</td><td rowspan="4">备注</td><td colspan="3" rowspan="4">锦宁市保真养鸡场
91210703456789678N
发票专用章</td></tr>
<tr><td colspan="6">纳税人识别号：91210703456789678N</td></tr>
<tr><td colspan="6">地址、电话：锦宁市渤海大街53号2330468</td></tr>
<tr><td colspan="6">开户行及账号：工商银行滨海支行8975612</td></tr>
</table>

第二联：抵扣联　购货方扣税凭证

收款人：张明　　　复核：张伊莎　　　开票人：李达　　　销售方：（章）

表 3－14

辽宁省增值税专用发票

发票联

2100163160　　　　No 00887459

开票日期：2019 年 6 月 9 日

购买方	名称：鸿运食品有限公司 纳税人识别号：91210703210719761A 地址、电话：锦宁市渤海大街18号3769100 开户行及账号：工商银行凌云支行3456178	密码区	略

货物或应税劳务、服务名称	规格型号	单位	数量	单价	金额	税率	税额
鲜鸡蛋		kg	500	8.00	4000.00	9%	360.00
合计					￥4000.00		￥360.00
价税合计（大写）	⊗肆仟叁佰陆拾圆整				（小写）￥4360.00		

销售方	名称：锦宁市保真养鸡场 纳税人识别号：91210703456789678N 地址、电话：锦宁市渤海大街58号2330648 开户行及账号：工商银行滨海支行8975612	备注	锦宁市保真养鸡场 91210703456789678N 发票专用章

收款人：张明　　复核：张伊莎　　开票人：李达　　销售方：（章）

第三联：发票联　购货方记账凭证

表 3－15

材料验收入库单　②记账

验收仓库 2#　　2019 年 6 月 9 日　　第 14 号

供应单位：锦宁市保真养鸡场			合同号			发票号	No00887459	托收支票	
物资名称	材质	规格型号	单位	数量		实际价格			
				应收	实收	单价	金额	运杂费	合计
鲜鸡蛋			kg	500	500	8	4000		4000
合计							4000		4000

会计　　记账　　保管员 李林　　经办人 李明

表 3－16

（辽）

转账支票存根

$\frac{G}{0}\frac{S}{2}$　00023211

附加信息

出票日期 2019 年 6 月 9 日

收款人：锦宁市保真养鸡场

金额：￥4360.00

用途：支付购货款

单位主管 吴大伟　会计 孙娅

2. 经济业务描述：____。

3. 编制记账凭证。

表 3－17 **通用记账凭证**

年 月 日 凭证编号：

摘要	会计科目		借方金额										贷方金额										记账符号
	总账科目	明细科目	千	百	十	万	千	百	十	元	角	分	千	百	十	万	千	百	十	元	角	分	
附单据 张	合 计：																						

会计主管 记账 稽核 制单 出纳 交领款人

实 训 二

【目的】正确编制记账凭证。

【资料】鸿运食品有限公司 2019 年 6 月 10 日相关业务原始凭证如表 3－18、表 3－19、表 3－20、表 3－21 所示。

【要求】根据原始凭证，描述经济业务，编制记账凭证，如表 3－22 所示。

1. 原始凭证。

表 3－18 **辽宁省增值税专用发票**

抵扣联

（全国统一发票监制章 国家税务总局 辽宁税务局）

2100163160 № 00359360

开票日期：2019 年 6 月 10 日

购买方
名 称：鸿运食品有限公司
纳税人识别号：91210703210719761A
地址、电话：锦宁市渤海大街 18 号 3769100
开户行及账号：工商银行凌云支行 2456178

密码区：略

货物或应税劳务、服务名称	规格型号	单位	数量	单价	金额	税率	税额
智能化和面机		台	1	40000.00	40000.00	13%	5200.00
合 计					¥ 40000.00		¥ 5200.00
价税合计（大写）	⊗ 肆万伍仟贰佰圆整				（小写）¥ 45200.00		

销售方
名 称：锦宁市第二机械厂
纳税人识别号：91210703456789657T
地址、电话：锦宁市解放路 59 号 3910478
开户行及账号：工商银行和平支行 3654789

备注：（锦宁市第二机械厂 91210703467789657T 发票专用章）

收款人： 复核：叶丽 开票人：李明 销售方：（章）

第二联：抵扣联 购货方扣税凭证

表 3－19

辽宁省增值税专用发票

发 票 联

（全国统一发票监制章 国家税务总局 辽宁税务局）

2100163160　　　　№ 00359360

开票日期：2019 年 6 月 10 日

购买方	名　　称：鸿运食品有限公司 纳税人识别号：91210703210719761A 地址、电话：锦宁市渤海大街 18 号 3769100 开户行及账号：工商银行凌云支行 3456178			密码区	略		
货物或应税劳务、服务名称	规格型号	单位	数量	单价	金额	税率	税额
智能化和面机		台	1	40000.00	40000.00	13%	5200.00
合　　计					¥ 40000.00		¥ 5200.00
价税合计（大写）	⊗肆万伍仟贰佰圆整				（小写）¥ 45200.00		
销售方	名　　称：锦宁市第二机械厂 纳税人识别号：91210703456789657 地址、电话：锦宁市解放路 59 号 3910478 开户行及账号：工商银行和平支行 3654789			备注	锦宁市第二机械厂 91210703467789657T 发票专用章		

收款人：　　复核：叶丽　　开票人：李明　　销售方：（章）

第三联：发票联　购货方记账凭证

表 3－20

（辽）
转账支票存根
$\frac{G}{0}\frac{S}{2}$ 00039900
附加信息
出票日期 2019 年 6 月 10 日
收款人：锦宁市第二机械厂
金额：¥45200.00
用途：购设备款
单位主管　吴大伟　会计　孙娅

（鸿运食品……财务专……）

表 3－21

固定资产验收交接单

2019 年 6 月 10 日　　　　金额单位：元

资产编号	资产名称	计量单位	发票价格	其他费用		合　计
3001	智能化和面机	台	40000	0		40000
资产来源	外购	使用年限（年）	5 年	附属设备		（略）
制造厂家	锦宁市第二机械厂	预计净残值率	1‰			无
制造日期及编号	2018 年 3 月	年折旧率	2%			
使用部门	生产车间	系　　数				

交验部门主管 周月　　设备科 郑林　　点交人　　接管部门主管 张伟　　接管人 才华

财务留存

2. 经济业务描述：____。

3. 编制记账凭证。

表 3－22

通用记账凭证

年　月　日　　　　凭证编号：

摘　要	会计科目		借方金额										贷方金额										记账符号
	总账科目	明细科目	千	百	十	万	千	百	十	元	角	分	千	百	十	万	千	百	十	元	角	分	
附单据　张	合　计：																						

会计主管　　记账　　稽核　　制单　　出纳　　交领款人

实　训　三

【目的】正确编制记账凭证。

【资料】鸿运食品有限公司 2019 年 6 月 11 日相关业务原始凭证如表 3－23 所示。

【要求】根据原始凭证，描述经济业务，编制记账凭证，如表 3－24 所示。

1. 原始凭证。

表 3－23

领　料　单

领料单位：一车间　　　　编号：L00257

用途：生产产品（蛋糕）　　2019 年 6 月 11 日　　发料仓库：2 号库

材料名称	材料编号	规格	计量单位	数量	单位成本	金额	备注
奶油	18		升	20	24	480	
合计						480	

财务留存

发料人：李林　　领料单位负责人：张伟　　领料人：王力

2. 经济业务描述：____。

3. 编制记账凭证。

表 3－24

通用记账凭证

年　月　日　　　　凭证编号：

摘　要	会计科目		借方金额										贷方金额										记账符号
	总账科目	明细科目	千	百	十	万	千	百	十	元	角	分	千	百	十	万	千	百	十	元	角	分	
附单据　张	合　计：																						

会计主管　　记账　　稽核　　制单　　出纳　　交领款人

实　训　四

【目的】正确编制记账凭证。

【资料】鸿运食品有限公司2019年6月12日相关业务原始凭证如表3－25所示。

【要求】根据原始凭证，描述经济业务，编制记账凭证，如表3－26所示。

1. 原始凭证。

表3－25

（辽）

现金支票存根

$\frac{G\ S}{0\ 2}$ 00040012

附加信息

出票日期 2019 **年** 6 **月** 12 **日**

收款人： 鸿运食品有限公司

金额： ￥20000.00

用途： 提现备发工资

单位主管 关大伟　**会计** 孙娅

鸿运食品　财务专

2. 经济业务描述：____。

3. 编制记账凭证。

表3－26

通用记账凭证

年　　月　　日　　　　　　　　凭证编号：

摘　要	会计科目		借方金额										贷方金额										记账符号
	总账科目	明细科目	千	百	十	万	千	百	十	元	角	分	千	百	十	万	千	百	十	元	角	分	
附单据　张	合　计：																						

会计主管　　　记账　　　稽核　　　制单　　　出纳　　　交领款人

实　训　五

【目的】正确编制记账凭证。

【资料】鸿运食品有限公司2019年6月13日相关业务原始凭证如表3－27所示。

【要求】根据原始凭证，描述经济业务，编制记账凭证，如表3－28所示。

1. 原始凭证。

表 3－27

券种明细

券种	张数	金额
壹佰元	50	500
伍拾元		
贰拾元		
拾元		
伍元		
贰元		
壹元		
伍角		
贰角		
壹角		
伍分		
贰分		
壹分		
合计	50	5000

现金缴款单

缴款日期：2019年 6月 13日

缴款单位	全　称	鸿运食品有限公司	账号	3456178									
	开户银行	工商银行凌云支行											
款项来源		销货款			百	十	万	千	百	十	元	角	分
人民币（大写）		伍仟元整					¥	5	0	0	0	0	0
现金			复核员		出纳收款员								
收讫			复核员		记账员								

第一联：回单

中国工商银行股份有限公司绵宁 凌云支行 2019.06.12 核算用章

2. 经济业务描述：____。

3. 编制记账凭证。

表 3－28

通用记账凭证

年　　月　　日　　　　　　　　凭证编号：

摘要	会计科目		借方金额										贷方金额										记账符号
	总账科目	明细科目	千	百	十	万	千	百	十	元	角	分	千	百	十	万	千	百	十	元	角	分	
附单据　张	合　计：																						

会计主管　　记账　　稽核　　制单　　出纳　　交领款人

实　训　六

【目的】正确编制记账凭证。

【资料】鸿运食品有限公司 2019 年 6 月 14 日相关业务原始凭证如表 3－29、表 3－30 所示。

【要求】根据原始凭证，描述经济业务，编制记账凭证，如表 3－31 所示。

1. 原始凭证。

表 3－29　　　　**收 款 收 据**　　　　NO：0355351

收款日期 2019 年 6 月 14 日

付款单位	鸿运食品有限公司	收款单位	锦宁市无公害牛奶厂	收款项目	违约罚款
人民币（大写）	壹仟元整	千 百 十 万 千 百 十 元 角 分			结算方式
		¥ 1 0 0 0 0 0			支票
收款事由	延迟付款违约罚款	经办	部门		
			人员		
上述款项照数收讫无误。		会计主管	稽核	出纳	交款人
收款单位财务专用章：		王荣		冯一飞	李明

（印章：锦宁市无公害牛奶厂 财务专用章）

第二联　收款单位记账依据

使用范围及规定：1. 本收据只能用于单位内部和单位与单位、单位与个人之间的非经营性经济往来，不得代替发票、行政事业性收费等政府非税收入收据和罚没收据。2. 结算方式按现金结算、银行结算和转账结算等方式分别填列。3. 作废时，应加盖作废戳记，并同存根一起保存，不得自行销毁。

表 3－30

中国工商银行　（辽）

转账支票存根

$\frac{G}{0}\frac{S}{2}$ 00040018

附加信息

出票日期 2019 年 6 月 1 日

收款人： 锦宁市无公害牛奶厂

金额： ¥1000.00

用途： 支付罚款

单位主管 吴大伟　**会计** 孙娅

（印章：鸿运食品……财务专……）

2. 经济业务描述：____。

3. 编制记账凭证。

表 3－31

通 用 记 账 凭 证

年　　月　　日　　　　凭证编号：

摘　要	会计科目		借方金额										贷方金额										记账符号
	总账科目	明细科目	千	百	十	万	千	百	十	元	角	分	千	百	十	万	千	百	十	元	角	分	
附单据　张	合　计：																						

会计主管　　记账　　稽核　　制单　　出纳　　交领款人

实　训　七

【目的】正确编制记账凭证。

【资料】鸿运食品有限公司 2019 年 6 月 15 日相关业务原始凭证如表 3－32 所示。

【要求】根据原始凭证，描述经济业务，编制记账凭证，如表 3－33 所示。

1. 原始凭证。

表 3－32　　　　**辽宁省增值税专用发票**

国家税务总局
辽宁税务局

2100163160　　　　No　00425236

此联不作报销、扣税凭证使用　　开票日期：2019 年 6 月 15 日

购买方	名　　称：锦宁市宏兴超市 纳税人识别号：912107034587882２C 地址、电话：锦宁市云飞大街 16 号 2856010 开户行及账号：工商银行站前支行 3568975					密码区	略	
货物或应税劳务、服务名称	规格型号	单位	数量	单价	金额	税率	税额	
曲奇	1KG	盒	2000	21.00	42000.00	13%	5460.00	
合　　计					¥42000.00		¥5460.00	
价税合计（大写）	⊗肆万柒仟肆佰陆拾圆整				（小写）¥47460.00			
销售方	名　　称：鸿运食品有限公司 纳税人识别号：91210703210719761A 地址、电话：锦宁市渤海大街 18 号 3769100 开户行及账号：工商银行凌云支行 3456178					备注	鸿运食品有限公司 91210703210719761A 发票专用章	

第一联：记账联　销货方记账凭证

收款人：郑芳　　复核：蔡森　　开票人：周明　　销货单位：（章）

2. 经济业务描述：____。

3. 编制记账凭证。

表 3－33　　　　**通 用 记 账 凭 证**

年　　月　　日　　　　凭证编号：

摘　要	会计科目		借方金额										贷方金额										记账符号
	总账科目	明细科目	千	百	十	万	千	百	十	元	角	分	千	百	十	万	千	百	十	元	角	分	
附单据　张	合　计：																						

会计主管　　记账　　稽核　　制单　　出纳　　交领款人

实　训　八

【目的】正确编制记账凭证。

【资料】鸿运食品有限公司 2019 年 6 月 19 日相关业务原始凭证如表 3－34、表 3－35 所示。

【要求】根据原始凭证，描述经济业务，编制记账凭证，如表 3－36 所示。

1. 原始凭证。

表 3－34

中国工商银行 转账支票（辽）　　$\frac{G}{0}\frac{S}{2}$ 00054213

出票日期（大写贰零壹玖年陆月壹拾玖日付款行名称：工商银行站前支行

本支票付款期限十天

收款人：鸿运食品有限公司　　　　出票人账号：3568975

人民币（大写）	肆万柒仟肆佰陆拾元整	亿	千	百	十	万	千	百	十	元	角	分
					¥	4	7	4	6	0	0	0

用途 支付前欠货款

上列款项请从我账户内支付

出票人签章　　　　复核　　　　记账

（印章：宏兴超市 财务专用章；李鑫印）

表 3－35

进账单（收账通知）　　**3**

2019 年 6 月 19 日

出票人	全　称	锦宁市宏兴超市	收款人	全　称	鸿运食品有限公司
	账　号	3568975		账　号	3456178
	开户银行	工商银行站前支行		开户银行	工商银行凌云支行

金额	人民币（大写）	亿	千	百	十	万	千	百	十	元	角	分
	肆万柒仟肆佰陆拾元整				¥	4	7	4	6	0	0	0

票据种类	转账支票	票据张数	1 张
票据号码	00054213		

复核　　　　记账

（印章：中国工商银行股份有限公司锦宁凌云支行 开户银行签章 2019.06.19 核算用章）

此联是收款人开户银行交给收款人的收账通知

2. 经济业务描述：________________________________。

3. 编制记账凭证。

表 3－36

通 用 记 账 凭 证

年　　月　　日　　　　　　　　　　　　凭证编号：

摘　要	会计科目		借方金额										贷方金额										记账符号
	总账科目	明细科目	千	百	十	万	千	百	十	元	角	分	千	百	十	万	千	百	十	元	角	分	
附单据　张	合　计：																						

会计主管　　　记账　　　稽核　　　制单　　　出纳　　　交领款人

实　训　九

【目的】正确编制记账凭证。

【资料】鸿运食品有限公司 2019 年 6 月 20 日相关业务原始凭证如表 3－37 所示。

【要求】根据原始凭证，描述经济业务，编制记账凭证，如表 3－38 所示。

1. 原始凭证。

表 3－37

借　款　单（记账）

2019 年 6 月 20 日　　　　　　　　顺序第　　号

借款单位	＊行政部	姓名	＊何丽	级别	＊	出差地点	＊上海
						天　数	＊5 天
事由	开会	借款金额（大写）	＊贰仟元整　　¥2000.00				
单位负责人签署	同意 张峰	借款人签章	何丽	注意事项	一、有＊者由借款人填写 二、凡借用公款必须使用本单 三、第三联为正式借据由借款人和单位负责人签章 四、出差返回在三天内结算		
机关首长或授权人批示	同意 张峰	审核意见	同意				

第二联　借款记账凭证

2. 经济业务描述：________________________________。

3. 编制记账凭证。

表 3－38 **通 用 记 账 凭 证**

年　　月　　日　　　　凭证编号：

摘　要	会计科目		借方金额										贷方金额										记账符号
	总账科目	明细科目	千	百	十	万	千	百	十	元	角	分	千	百	十	万	千	百	十	元	角	分	
附单据　张	合　计：																						

会计主管　　记账　　稽核　　制单　　出纳　　交领款人

实 训 十

【目的】正确编制记账凭证。

【资料】鸿运食品有限公司 2019 年 6 月 26 日相关业务原始凭证如表 3－39、表 3－40、表 3－41 所示。

【要求】根据原始凭证，描述经济业务，编制记账凭证，如表 3－42 所示。

1. 原始凭证。
2. 经济业务描述：________________________________。
3. 编制记账凭证。

表 3－39 **借 款 单**（结算）

2019 年 6 月 20 日　　　　顺序第　　号

借款单位	* 行政部	姓名	* 何丽	级别	*	出差地点	* 上海
						天　数	* 5 天
事由	开会	借款金额（大写）	* 贰仟元整　¥ 2000.00				
实际报销金额	¥ 1660.00	结余金额	¥ 340.00	注意事项	一、有*者由借款人填写 二、凡借用公款必须使用本单 三、第三联为正式借据由借款人和单位负责人签章 四、出差返回在三天内结算		
		超支金额					
收款单位公章			（原借款已报销结算完了并已收账） 经办人 2019 年 6 月 26 日				

第二联　会计结算转账凭证

表 3－40

出差旅费报销单

单位：鸿运食品有限公司　　　　　　　　2019年 6月 26日填

月	日	时间	出发地	月	日	时间	到达地	机票费	车（船）费	卧铺费	夜行车补助		市内交通费		宿费			出差补助		其他	合计
											小时	金额	实支	包干	标准	实支	提成扣减	天数	金额		
6	20	8时	锦宁市	6	21	10时	上海市		300					40		900			120		1360
6	24	20时	上海市	6	25	22时	锦宁市		300												300
合计									600					40		900			120		1660

出差任务	开会	报销金额（大写）　人民币：壹仟陆佰陆拾零圆零角零分	预借金额	¥ 2000.00
		单位领导 张峰　　部门负责人 张峰　　出差人 何丽	报销金额	¥ 1660.00
			结余或超支	¥ 340.00

会计主管 吴大伟　　　　记账　　　　审核　　　　附单据 15张

表 3－41

收款收据

NO：0355351

收款日期 2019年 6月 26日

付款单位	何丽	收款单位	鸿运食品有限公司										收款项目	差旅费剩余款
人民币（大写）	叁佰肆拾元整		千	百	十	万	千	百	十	元	角	分	结算方式	
							¥	3	4	0	0	0	现金	
收款事由	差旅费剩余款		经办	部门										
				人员										
上述款项照数收讫无误。收款单位财务专用章：			会计主管		稽核		出纳						交款人	
			吴大伟		吴大伟		田力						何丽	

宁市无公害牛奶厂 财务专用章

第二联 收款单位记账依据

使用范围及规定：1. 本收据只能用于单位内部和单位与单位、单位与个人之间的非经营性经济往来，不得代替发票、行政事业性收费等政府非税收入收据和罚没收据。2. 结算方式按现金结算、银行结算和转账结算等方式分别填列。3. 作废时，应加盖作废戳记，并同存根一起保存，不得自行销毁。

表 3－42

通用记账凭证

年　　月　　日　　　　　　　　凭证编号：

摘要	会计科目		借方金额										贷方金额										记账符号
	总账科目	明细科目	千	百	十	万	千	百	十	元	角	分	千	百	十	万	千	百	十	元	角	分	
附单据　张　　合　计：																							

会计主管　　记账　　稽核　　制单　　出纳　　交领款人

实 训 十 一

【目的】正确编制记账凭证。

【资料】鸿运食品有限公司 2019 年 6 月 26 日相关业务原始凭证如表 3 – 43 所示。

【要求】根据原始凭证，描述经济业务，编制记账凭证，如表 3 – 44 所示。

1. 原始凭证。

表 3 – 43 **收 款 收 据** NO：0355351

收款日期 2019 年 6 月 26 日

<table>
<tr><td>付款单位</td><td>王大明</td><td>收款单位</td><td colspan="6">鸿运食品有限公司</td><td colspan="3">收款项目</td><td>违规罚款</td><td rowspan="5">第二联 收款单位记账依据</td></tr>
<tr><td rowspan="2">人民币（大写）</td><td rowspan="2" colspan="2">贰佰元整</td><td>千</td><td>百</td><td>十</td><td>万</td><td>千</td><td>百</td><td>十</td><td>元</td><td>角</td><td>分</td><td>结算方式</td></tr>
<tr><td></td><td></td><td></td><td></td><td>￥</td><td>2</td><td>0</td><td>0</td><td>0</td><td>0</td><td>现金</td></tr>
<tr><td>收款事由</td><td colspan="2">违规罚款</td><td colspan="2">经办</td><td colspan="3">部门</td><td colspan="3"></td><td colspan="3">人员</td></tr>
<tr><td colspan="3">上述款项照数收讫无误。
收款单位财务专用章：</td><td colspan="3">会计主管
关大伟</td><td colspan="2">稽核
关大伟</td><td colspan="2">出纳
田力</td><td colspan="3">交款人
王大明</td></tr>
</table>

使用范围及规定：1. 本收据只能用于单位内部和单位与单位、单位与个人之间的非经营性经济往来，不得代替发票、行政事业性收费等政府非税收入收据和罚没收据。2. 结算方式按现金结算、银行结算和转账结算等方式分别填列。3. 作废时，应加盖作废戳记，并同存根一起保存，不得自行销毁。

表 3 – 44 **通 用 记 账 凭 证**

年 月 日 凭证编号：

摘要	会计科目		借方金额										贷方金额										记账符号
	总账科目	明细科目	千	百	十	万	千	百	十	元	角	分	千	百	十	万	千	百	十	元	角	分	
附单据 张	合 计：																						

会计主管 记账 稽核 制单 出纳 交领款人

2. 经济业务描述：____。

3. 编制记账凭证。

实 训 十 二

【目的】正确编制记账凭证。

【资料】鸿运食品有限公司 2019 年 6 月 30 日相关业务原始凭证如表 3 – 45、表 3 – 46 所示。

【要求】根据原始凭证，描述经济业务，编制记账凭证，如表 4 – 47 所示。

1. 原始凭证。

表 3－45　　　　　　　　　　　产品成本计算单

车间名称：生产车间

产品名称：钙奶饼干　　　　　　　　2019 年 6 月 30 日　　　　　　　　单位：元

完工产品数量：5000 箱　　　　　　　　　　　在产品数量 2000 箱　完工程度 50%

项目	直接材料	直接人工	制造费用	合计
月初在产品成本	80000	12000	5000	97000
本月生产费用	235000	48000	25000	308000
生产费用合计	315000	60000	30000	405000
单位成本	45	10	5	60
完工产品成本	225000	50000	25000	300000
月末在产品成本	90000	10000	5000	105000

表 3－46　　　　　　　　　　　产成品入库单

2019 年 6 月 30 日

品名		规格	单位	数量	单位成本		金额
钙奶饼干		10kg	箱	5000	60.00		300000
负责人	张伟	仓库负责人	李林	入库经手人	王力	合计	300000

2. 经济业务描述：____。

3. 编制记账凭证。

表 3－47　　　　　　　　　　　通 用 记 账 凭 证

年　　月　　日　　　　　　　　　　　　凭证编号：

摘　要	会计科目		借方金额										贷方金额										记账符号
	总账科目	明细科目	千	百	十	万	千	百	十	元	角	分	千	百	十	万	千	百	十	元	角	分	
附单据　张	合　计：																						

会计主管　　　记账　　　稽核　　　制单　　　出纳　　　交领款人

实　训　十　三

【目的】正确编制记账凭证。

【资料】2019 年 6 月 30 日鸿运食品有限公司损益类账户发生额如表 3－48 所示，期末结转损益类账户发生额。

【要求】根据相关资料，描述经济业务，编制记账凭证，如表 3－49 至表 3－51 所示。

表 3-48 单位：元

账户名称	借方余额	贷方余额
主营业务收入		1500000
其他业务收入		80000
营业外收入		10000
主营业务成本	970000	
其他业务成本	60000	
管理费用	180000	
财务费用	40000	
销售费用	70000	
营业外支出	20000	
合计	1340000	1590000

1. 经济业务描述：______________________________。
2. 编制记账凭证。

表 3-49 **通用记账凭证**

年　月　日　　凭证编号：

摘要	会计科目		借方金额										贷方金额										记账符号
	总账科目	明细科目	千	百	十	万	千	百	十	元	角	分	千	百	十	万	千	百	十	元	角	分	
附单据　张	合　计：																						

会计主管　记账　稽核　制单　出纳　交领款人

表 3-50 **通用记账凭证**

年　月　日　　凭证编号：

摘要	会计科目		借方金额										贷方金额										记账符号
	总账科目	明细科目	千	百	十	万	千	百	十	元	角	分	千	百	十	万	千	百	十	元	角	分	
附单据　张	合　计：																						

会计主管　记账　稽核　制单　出纳　交领款人

表 3－51

通用记账凭证

年　　月　　日　　　　　　凭证编号：

摘　要	会计科目		借方金额										贷方金额										记账符号
	总账科目	明细科目	千	百	十	万	千	百	十	元	角	分	千	百	十	万	千	百	十	元	角	分	
附单据　张	合　计：																						

会计主管　　记账　　稽核　　制单　　出纳　　交领款人

第四单元

会 计 账 簿

一、填空

1. 会计账簿，是按照（　　　　）开设账户、账页，以（　　　　）为依据，用来序时、分类地记录和反映经济业务的簿籍，简称为账簿。

2. 账簿按外表形式分类，分为（　　　　）、（　　　　）、（　　　　）三种。

3. 账簿按用途分类，分为（　　　　）、（　　　　）、（　　　　）三种。

4. 账簿按账页格式分类，分为（　　　　）、（　　　　）、（　　　　）、（　　　　）四种。

5. 记账时必须使用蓝黑墨水或碳素笔（不能用铅笔或圆珠笔）书写，只有在（　　　　）、（　　　　）、（　　　　）等情况时才能使用红色墨水书写。

6. 序时账中的特种日记账包括（　　　　　）和（　　　　　）。

7. 我国常用的账务处理程序主要有（　　　　　　　）、（　　　　　　　）和（　　　　　　　）三种。

8. 记账凭证账务处理程序的主要特点是，直接根据（　　　　）登记总分类账。它是最基本的会计核算程序。

9. 科目汇总表账务处理程序，亦称记账凭证汇总表核算程序，它的主要特点是，根据记账凭证定期编制（　　　　），再依据（　　　　）定期登记总分类账。

10. 在会计实务中，一般采用（　　　　）的方法进行结账。

11. 对账工作至少每（　　　　）进行一次。

二、单项选择

1. 登记账簿的依据是（　　）。

A. 经济合同　　B. 会计分录

C. 记账凭证　　D. 有关文件

2. 对各项经济业务按照发生时间的先后顺序逐日逐笔进行登记的账簿是（　　）。

A. 总分类账簿　　B. 序时账簿

C. 备查账簿　　D. 明细分类账簿

3. 下列账户的明细账采用三栏式账页的是（　　）。

A. 管理费用　　B. 销售费用

C. 库存商品　　D. 应收账款

4. 从银行提取现金业务，应编制（　　）。

A. 库存现金收款凭证　　B. 银行存款付款凭证

C. 银行存款收款凭证　　D. 库存现金付款凭证

5. 原材料等财产物资明细账一般采用（　　）明细账。

A. 数量金额式　　B. 多栏式

C. 三栏式　　D. 任意格式

6. 多栏式明细账一般适用于（　　）。

A. 收入费用类账户　　B. 所有者权益类账户

C. 资产类账户　　D. 负债类账户

7. 应收账款明细账的账页格式一般采用（　　）。

A. 三栏式　　B. 数量金额式

C. 多栏式　　D. 任意一种明细账格式

8. 不可以采用三栏式账页的是（　　）。

A. 总账　　B. 应付账款明细账

C. 库存现金日记账　　D. 原材料明细账

9. "生产成本"明细账应该采用的格式是（　　）。

A. 三栏式　　B. 多栏式

C. 数量金额式　　D. 任意格式

10. 库存现金日记账应由（　　）登记。

A. 出纳人员　　B. 会计主管

C. 制单人员　　D. 稽核人员

三、多项选择

1. 账簿按其用途不同可分为（　　）。

A. 序时账　　B. 订本账

C. 备查账　　D. 分类账

2. 下列各项中，属于序时账簿的有（　　）。

A. 库现金日记账　　B. 银行存款日记账

C. 应收账款总账　　D. 原材料明细账

3. 下列账簿记录中，可以使用红色墨水的有（　　）。

A. 结账　　B. 改错

C. 冲账　　D. 登记期初余额

4. 一般采用订本式账簿的有（　　　）。

A. 库存商品明细账　　B. 日记账

C. 总分类账　　D. 备查账

5. 在记账时根据实际需要，可以随时取放账页的账簿有（　　　）。

A. 订本式账簿　　B. 卡片式账簿

C. 三栏式账簿　　D. 活页式账簿

6. 账页的格式通常有（　　　）。

A. 三栏式　　B. 多栏式

C. 横线登记式　　D. 数量金额式

7. 总分类账户与明细分类账户平行登记的要点包括（　　　）。

A. 期间不同　　B. 方向一致

C. 期间相同　　D. 金额相等

8. 通常情况下，结账工作一般包括（　　　）。

A. 季度结账　　B. 半年度结账

C. 月度结账　　D. 年度结账

9. 账簿按其外表形式分，可以分为（　　　）账簿。

A. 三栏式　　B. 订本式

C. 卡片式　　D. 活页式

10. 关于库存现金日记账和银行存款日记账的登记说法正确的是（　　　）。

A. 一般采用订本式账簿登记　　B. 由出纳人员登记

C. 根据审核后的收、付款记账凭证登记　　D. 逐日逐笔序时登记

四、连连看

会计账簿

1. 库存现金日记账
2. 原材料明细账
3. 管理费用明细账
4. 营业外收入明细账
5. 实收资本明细账
6. 库存商品明细账
7. 在途物资明细账

账簿形式

A. 数量金额式账簿
B. 三栏式账簿
C. 横线登记式账簿
D. 多栏式账簿

五、职业能力训练

【目的】练习“库存现金日记账”“银行存款日记账”的登记方法。

【资料】长风公司 2019 年 6 月初“库存现金日记账”的借方余额为 14280 元，“银行存款日记账”的借方余额为 539000 元。该公司 6 月份有关现金和银行存款的收支情况如下：

【要求】

1. 开设“库存现金日记账”和“银行存款日记账”，并登记期初余额。

2. 根据通用记账凭证所记业务事项，按经济业务发生的时间先后顺序依次逐笔登记“库存现金日记账”和“银行存款日记账”，并结账。如表4－1至表4－6所示。

表4－1

通用记账凭证

2019年6月1日　　凭证编号：1

摘要	会计科目		借方金额										贷方金额										记账符号
	总账科目	明细科目	千	百	十	万	千	百	十	元	角	分	千	百	十	万	千	百	十	元	角	分	
预借差旅费	其他应收款	张岩					4	0	0	0	0	0											
	库存现金																4	0	0	0	0	0	
附单据 1 张	合计					¥	4	0	0	0	0	0				¥	4	0	0	0	0	0	

会计主管 李丹　　记账　　稽核 赵岩　　制单 杨丽　　出纳 刘欢

表4－2

通用记账凭证

2019年6月5日　　凭证编号：2

摘要	会计科目		借方金额										贷方金额										记账符号
	总账科目	明细科目	千	百	十	万	千	百	十	元	角	分	千	百	十	万	千	百	十	元	角	分	
提现备用	库存现金						5	5	0	0	0	0											
	银行存款																5	5	0	0	0	0	
附单据 1 张	合计					¥	5	5	0	0	0	0				¥	5	5	0	0	0	0	

会计主管 李丹　　记账　　稽核 赵岩　　制单 杨丽　　出纳 刘欢

表4－3

通用记账凭证

2019年6月10日　　凭证编号：3

摘要	会计科目		借方金额										贷方金额										记账符号
	总账科目	明细科目	千	百	十	万	千	百	十	元	角	分	千	百	十	万	千	百	十	元	角	分	
偿还前欠货款	应付账款	大华公司				2	3	2	0	0	0	0											
	银行存款															2	3	2	0	0	0	0	
附单据 1 张	合计				¥	2	3	2	0	0	0	0			¥	2	3	2	0	0	0	0	

会计主管 李丹　　记账　　稽核 赵岩　　制单 杨丽　　出纳 刘欢

表 4－4

通用记账凭证

2019年6月30日　　　　凭证编号：4

摘要	会计科目		借方金额										贷方金额										记账符号
	总账科目	明细科目	千	百	十	万	千	百	十	元	角	分	千	百	十	万	千	百	十	元	角	分	
报销差旅费	管理费用	差旅费					3	7	0	0	0	0											
	库存现金							3	0	0	0	0											
	其他应收款	张岩														4	0	0	0	0	0	0	
附单据 1 张	合计					¥	4	0	0	0	0	0			¥	4	0	0	0	0	0	0	

会计主管 李丹　　记账　　稽核 赵岩　　制单 杨丽　　出纳 刘欢

表 4－5

库存现金日记账

年		凭证编号	摘要	借方										贷方										√	借或贷	余额									
月	日			千	百	十	万	千	百	十	元	角	分	千	百	十	万	千	百	十	元	角	分			千	百	十	万	千	百	十	元	角	分

表 4－6

银行存款日记账

年		凭证编号	摘要	借方										贷方										√	借或贷	余额									
月	日			千	百	十	万	千	百	十	元	角	分	千	百	十	万	千	百	十	元	角	分			千	百	十	万	千	百	十	元	角	分

六、岗位实训

【目的】根据科目汇总表登记总分类账户。

【资料】长风公司 8 月份发生以下经济业务如表 4－7 至表 4－16 所示。

【要求】

1. 依据记账凭证编制科目汇总表的工作底稿。如表 4－17 所示。

2. 将科目汇总表工作底稿中所有账户借、贷方发生额合计数填入“科目汇总表”中，如表 4－18 所示。

3. 根据“科目汇总表”登记“银行存款”“原材料”“应付账款”“应交税费”总分类账。如表 4－19 至表 4－22 所示。

表 4－7

通用记账凭证

2019年 8月 1日　　　　凭证编号：1

摘要	会计科目		借方金额										贷方金额										记账符号
	总账科目	明细科目	千	百	十	万	千	百	十	元	角	分	千	百	十	万	千	百	十	元	角	分	
偿还前欠货款	应付账款	利达公司				3	0	0	0	0	0	0											
	银行存款															3	0	0	0	0	0	0	
附单据 1 张	合计				¥	3	0	0	0	0	0	0			¥	3	0	0	0	0	0	0	

会计主管 李丹　　记账　　稽核 赵岩　　制单 杨丽　　出纳 刘欢

表 4－8

通用记账凭证

2019年 8月 3日　　　　凭证编号：2

摘要	会计科目		借方金额										贷方金额										记账符号
	总账科目	明细科目	千	百	十	万	千	百	十	元	角	分	千	百	十	万	千	百	十	元	角	分	
购买材料	原材料	甲材料				2	0	0	0	0	0	0											
	应交税费	应交增值税（进项税额）					2	6	0	0	0	0											
	银行存款															2	2	6	0	0	0	0	
附单据 2 张	合计				¥	2	2	6	0	0	0	0			¥	2	2	6	0	0	0	0	

会计主管 李丹　　记账　　稽核 赵岩　　制单 杨丽　　出纳 刘欢

表 4－9

通 用 记 账 凭 证

2019年 8月 5日　　　　凭证编号：3

摘　要	会计科目		借方金额										贷方金额										记账符号
	总账科目	明细科目	千	百	十	万	千	百	十	元	角	分	千	百	十	万	千	百	十	元	角	分	
支付借款利息	财务费用						2	0	0	0	0	0											
	银行存款																2	0	0	0	0	0	
附单据 1 张	合　计					¥	2	0	0	0	0	0				¥	2	0	0	0	0	0	

会计主管 李丹　　记账　　稽核 赵岩　　制单 杨丽　　出纳 刘欢

表 4－10

通 用 记 账 凭 证

2019年 8月 7日　　　　凭证编号：4

摘　要	会计科目		借方金额										贷方金额										记账符号
	总账科目	明细科目	千	百	十	万	千	百	十	元	角	分	千	百	十	万	千	百	十	元	角	分	
从银行借款	银行存款					6	0	0	0	0	0	0											
	短期借款															6	0	0	0	0	0	0	
附单据 1 张	合　计				¥	6	0	0	0	0	0	0			¥	6	0	0	0	0	0	0	

会计主管 李丹　　记账　　稽核 赵岩　　制单 杨丽　　出纳 刘欢

表 4－11

通 用 记 账 凭 证

2019年 8月 9日　　　　凭证编号：5

摘　要	会计科目		借方金额										贷方金额										记账符号
	总账科目	明细科目	千	百	十	万	千	百	十	元	角	分	千	百	十	万	千	百	十	元	角	分	
收到投资款	银行存款				1	0	0	0	0	0	0	0											
	实收资本	利达公司													1	0	0	0	0	0	0	0	
附单据 1 张	合　计			¥	1	0	0	0	0	0	0	0		¥	1	0	0	0	0	0	0	0	

会计主管 李丹　　记账　　稽核 赵岩　　制单 杨丽　　出纳 刘欢

表 4－12

通 用 记 账 凭 证

2019年 8月 11日　　　　凭证编号：6

摘要	会计科目		借方金额										贷方金额										记账符号
	总账科目	明细科目	千	百	十	万	千	百	十	元	角	分	千	百	十	万	千	百	十	元	角	分	
购买材料	原材料	甲材料				1	0	0	0	0	0	0											
	应交税费	应交增值税（进项税额）					1	3	0	0	0	0											
	银行存款															1	1	3	0	0	0	0	
附单据 3 张	合计				¥	1	1	3	0	0	0	0			¥	1	1	3	0	0	0	0	

会计主管 李丹　　记账　　稽核 赵岩　　制单 杨丽　　出纳 刘欢

表 4－13

通 用 记 账 凭 证

2019年 8月 13日　　　　凭证编号：7

摘要	会计科目		借方金额										贷方金额										记账符号
	总账科目	明细科目	千	百	十	万	千	百	十	元	角	分	千	百	十	万	千	百	十	元	角	分	
生产领用原材料	生产成本	A产品				3	0	0	0	0	0	0											
	原材料	甲材料														3	0	0	0	0	0	0	
附单据 1 张	合计				¥	3	0	0	0	0	0	0			¥	3	0	0	0	0	0	0	

会计主管 李丹　　记账　　稽核 赵岩　　制单 杨丽　　出纳 刘欢

表 4－14

通 用 记 账 凭 证

2019年 8月 14日　　　　凭证编号：8

摘要	会计科目		借方金额										贷方金额										记账符号
	总账科目	明细科目	千	百	十	万	千	百	十	元	角	分	千	百	十	万	千	百	十	元	角	分	
提现备用	库存现金					1	0	0	0	0	0	0											
	银行存款															1	0	0	0	0	0	0	
附单据 1 张	合计				¥	1	0	0	0	0	0	0			¥	1	0	0	0	0	0	0	

会计主管 李丹　　记账　　稽核 赵岩　　制单 杨丽　　出纳 刘欢

表 4－15

通 用 记 账 凭 证

2019年 8月 15日　　　　凭证编号：9

摘要	会计科目		借方金额										贷方金额										记账符号
	总账科目	明细科目	千	百	十	万	千	百	十	元	角	分	千	百	十	万	千	百	十	元	角	分	
购买材料	原材料	甲材料				4	0	0	0	0	0	0											
	应交税费	应交增值税（进项税额）					5	2	0	0	0	0											
	应付账款	大华公司														4	5	2	0	0	0	0	
附单据 2 张	合　计				¥	4	5	2	0	0	0	0			¥	4	5	2	0	0	0	0	

会计主管 李丹　　记账　　稽核 赵岩　　制单 杨丽　　出纳 刘欢

表 4－16

通 用 记 账 凭 证

2019年 8月 15日　　　　凭证编号：10

摘要	会计科目		借方金额										贷方金额										记账符号
	总账科目	明细科目	千	百	十	万	千	百	十	元	角	分	千	百	十	万	千	百	十	元	角	分	
销售A产品	银行存款					3	3	9	0	0	0	0											
	主营业务收入	A产品														3	0	0	0	0	0	0	
	应交税费	应交增值税（销项税额）															3	9	0	0	0	0	
附单据 2 张	合　计				¥	3	3	9	0	0	0	0			¥	3	3	9	0	0	0	0	

会计主管 李丹　　记账　　稽核 赵岩　　制单 杨丽　　出纳 刘欢

表 4－17

“科目汇总表”工作底稿

*2019*年 *8*月 *1*日～*15*日

表 4－18

科目汇总表

年　月　日～　日　　科汇

会计科目	借方金额	贷方金额	过账
合　计			

表 4－19

总　账

会计科目 银行存款

年		凭证编号	摘　要	借方										贷方										借或贷	余额									
月	日			千	百	十	万	千	百	十	元	角	分	千	百	十	万	千	百	十	元	角	分		千	百	十	万	千	百	十	元	角	分
			……																															

表 4－20 **总　账**

会计科目 *原材料*

年		凭证编号	摘　要	借方										贷方										借或贷	余额									
月	日			千	百	十	万	千	百	十	元	角	分	千	百	十	万	千	百	十	元	角	分		千	百	十	万	千	百	十	元	角	分
			……																															

表 4－21 **总　账**

会计科目 *应付账款*

年		凭证编号	摘　要	借方										贷方										借或贷	余额									
月	日			千	百	十	万	千	百	十	元	角	分	千	百	十	万	千	百	十	元	角	分		千	百	十	万	千	百	十	元	角	分
			……																															

表 4－22 **总　账**

会计科目 *应交税费*

年		凭证编号	摘　要	借方										贷方										借或贷	余额									
月	日			千	百	十	万	千	百	十	元	角	分	千	百	十	万	千	百	十	元	角	分		千	百	十	万	千	百	十	元	角	分
			……																															

第五单元

错账更正方法

一、填空

1. 错账更正的方法有（　　　　）、（　　　　）和（　　　　）。

2. 采用划线更正法更正错账时，在错误的文字或数字（整个数字）上划一条（　　　　）注销。

3. 补充登记法主要适用于记账凭证中应借、应贷科目无错，只是所记金额（　　　　）应记金额时引起的账簿记录错误。

4. 当记账凭证正确，在登记账簿过程中发现账簿记录中文字或数字有错误（即笔误）时，应采用（　　　　）进行更正。

5. 某企业会计人员在编制记账凭证时，将 3850 元写成 3580 元并据以登记入账，应采用（　　　　）进行更正。

二、单项选择

1. 记账后，如果发现记账错误是由于记账凭证所列会计科目有错误引起的，可采用（　　）。

A. 红字冲销法　　B. 划线更正法

C. 补充登记法　　D. A 与 B 均可

2. 结账之前，如果发现账簿中所记文字或数字有过账笔误或计算错误，而记账凭证并没有错误，可采用（　　）更正错误。

A. 划线更正法　　B. 红字冲销法

C. 补充登记法　　D. 用涂改液修正

3. 更正错账时，划线更正法的适用范围是（　　）。

A. 记账凭证上会计科目或记账方向错误，导致账簿记录错误

B. 记账凭证正确，在记账时发生错误，导致账簿记录错误

C. 记账凭证上会计科目或记账方向正确，所记金额大于应记金额，导致账簿记账错误

D. 记账凭证上会计科目或记账方向正确，所记金额小于应记金额，导致账簿记账错误

4. 某企业会计人员在编制记账凭证时，会计科目或借贷方向没有错误，只是将 1680 元记成 1260 元，应采用（　　）进行更正。

A. 划线更正法　　　　B. 红字冲销法

C. 补充登记法　　　　D. 用涂改液修正

5. 某企业出纳人员在根据正确的记账凭证登记银行存款日记账时，将 12500 元误写成 16500 元，并及时发现，应采用（　　）进行更正。

A. 划线更正法　　　　B. 红字冲销法

C. 补充登记法　　　　D. 用涂改液修正

三、多项选择

1. 红字冲销法的方法要点是（　　）。

A. 用红字金额填写一张与错误记账凭证完全相同的记账凭证并用红字记账

B. 用蓝字金额填写一张与错误原始凭证完全相同的记账凭证并用蓝字记账

C. 再用红字重填一张正确的记账凭证，登记入账

D. 再用蓝字重填一张正确的记账凭证，登记入账

2. 采用划线更正法，其要点是（　　）。

A. 在错误的文字或数字（单个数字）上划一条红线注销

B. 在错误的文字或数字（整个数字）上划一条红线注销

C. 将正确的文字或数字用蓝字写在划线的上端

D. 更正人在划线处盖章

3. 在（　　）情况下，可使用补充登记法更正错账。

A. 记账后

B. 所记金额小于应记金额

C. 所记金额大于应记金额

D. 发现记账凭证中应借、应贷科目无错

4. 会计上允许使用的更正错账的方法有（　　）。

A. 红字冲销法　　　　B. 补充登记法

C. 用剪刀刮掉　　　　D. 划线更正法

5. 对于划线更正法，下列说法正确的是（　　）。

A. 划红线注销时必须使原有字迹仍可辨认

B. 对于错误的数字，应当全部划红线更正，不得只更正其中的错误数字

C. 对于文字错误，可只划去错误的部分

D. 对于错误的数字，可以只更正其中的错误数字

四、判断

1. 由于编制的记账凭证会计科目错误，导致账簿记录错误，更正时，可以将错误的会计科目划红线注销，然后在划线上方填写正确的会计科目。（　　）

2. 当记账凭证正确，在登记账簿过程中发现账簿记录中文字或数字有错误（即笔误）时，应采用划线更正法进行更正。（　　）

3.《会计基础工作规范》规定：更正错账时必须附有原始凭证。（　　）

4.《会计基础工作规范》第六十二条规定：账簿记录发生错误，不准涂改、挖补、刮擦或者用药水消除字迹，不准重新抄写，必须按照正确方法进行更正。（　　）

5. 错账更正时必须按照正确的方法进行更正，适当可以用涂改液进行修正。（　　）

五、连连看

错账类型	错账更正方法
1. 结账之前，如果发现记账凭证没有错误，只是账簿记录中所记文字或数字出现笔误	A. 红字冲销法
2. 记账后，如果发现记账错误是由于记账凭证所列会计科目借贷方向相反引起的	B. 划线更正法
3. 记账后，如果发现记账凭证中所列会计科目、借贷方向没有错误，只是所记金额小于应记金额	C. 补充登记法
4. 记账后，如果发现记账凭证中所列会计科目、借贷方向没有错误，只是所记金额大于应记金额	
5. 记账后，如果发现记账错误是由于记账凭证所列会计科目错误引起的	

六、岗位实训

实　训　一

【目的】掌握错账的更正方法。

【资料】北上实业有限公司 2019 年 8 月部分会计凭证及账簿资料如下：

【要求】请对北上实业有限公司下列账簿记录中出现的错误进行更正。（注：涉及的相关记账凭证均正确）

（1）出纳员钱力在根据正确的记账凭证登记现金日记账时误将 395 元写成 695 元，如表 5－1 所示。

表 5－1　　库存现金日记账　　**3**

2019年		凭证编号	摘要	借方										贷方										√	借或贷	余额									
月	日			千	百	十	万	千	百	十	元	角	分	千	百	十	万	千	百	十	元	角	分			千	百	十	万	千	百	十	元	角	分
8	2		承前页				3	5	6	2	7	0	0				3	5	8	8	8	0	0		借					1	2	3	9	0	0
			……																																
	5	25	报销差旅费																7	4	0	0	0		借						8	5	8	0	0
	6	30	购买办公用品																6	9	5	0	0		借						4	6	3	0	0

（2）会计人员赵峰在根据正确的记账凭证登记明细账时误将摘要中的“预付货款”写成“预收货款”，如表 5－2 所示。

表 5－2　　明　细　账　　**11**

会计科目 预付账款　　细目 广发实业有限公司　　子目

2019年		凭证编号	摘　　要	借方										贷方										借或贷	余额									
月	日			千	百	十	万	千	百	十	元	角	分	千	百	十	万	千	百	十	元	角	分		千	百	十	万	千	百	十	元	角	分
8	8	13	预收货款				5	0	5	8	0	0	0																					

（3）会计人员赵峰在根据正确的记账凭证登记明细账时误将 320010 元写成 320000 元，如表 5－3 所示。

表 5－3　　明　细　账　　**30**

会计科目 应付账款　　细目 心语食品加工公司　　子目

2019年		凭证编号	摘　　要	借方										贷方										借或贷	余额									
月	日			千	百	一	万	千	百	十	元	角	分	千	百	十	万	千	百	十	元	角	分		千	百	十	万	千	百	十	元	角	分
8	9	15	偿还前欠货款			3	2	0	0	0	0	0	0																					

实　训　二

【目的】掌握错账的更正方法。

【资料】北上实业有限公司 2019 年 8 月部分会计凭证及账簿资料如下：

【要求】

1. 查找会计记录，指出经济业务存在的会计差错，相关会计凭证如表 5－4 至表 5－7 所示。

2. 说明应采用的错账更正方法。

3. 请在表 5－8 至表 5－11 中进行错账更正。

表 5－4　　　　**电汇凭证（回　　单）**　　　　**1**

普通　　　加急　　　委托日期　　2019 年 8 月 9 日

汇款人	全　称	北上实业有限公司	收款人	全　称	鞍山绿实有限公司
	账　号	87123098		账　号	39780356
	汇出地点	辽宁 省 大连 市／县		汇入地点	辽宁 省 鞍山 市／县
汇出行名称		中国工商银行城旺支行	汇入行名称		中国工商银行一二九支行

金额	人民币（大写）	捌万元整	亿	千	百	十	万	千	百	十	元	角	分
						¥	8	0	0	0	0	0	0

汇款用途：预付货款	支付密码	
	附加信息及用途： 中国工商银行股份有限公司锦宁 城旺支行 2019.08.09 核算用章 复核：　　　　记账：	

此联汇出行给汇款人的回单

表 5－5　　　　**通用记账凭证**

2019年 8月 9日　　　　凭证编号：22

摘　要	会计科目		借方金额										贷方金额										记账符号
	总账科目	明细科目	千	百	十	万	千	百	十	元	角	分	千	百	十	万	千	百	十	元	角	分	
预付货款	银行存款					8	0	0	0	0	0	0											✓
	预付账款	鞍山绿实有限公司														8	0	0	0	0	0	0	✓
附单据 1 张	合　计：				¥	8	0	0	0	0	0	0			¥	8	0	0	0	0	0	0	

会计主管 周强　　　记账 张帆　　　稽核 周强　　　制单 赵峰　　　出纳 钱力

表 5 – 6 银行存款日记账 **6**

2019年		凭证编号	摘要	借方										贷方										√	借或贷	余额									
月	日			千	百	十	万	千	百	十	元	角	分	千	百	十	万	千	百	十	元	角	分			千	百	十	万	千	百	十	元	角	分
8	8		承前页			5	8	2	6	0	0	0	0			2	5	0	1	0	0	0	0		借			1	4	6	9	0	0	0	0
			……																																
	9	22	预付货款				8	0	0	0	0	0	0												借			1	7	8	0	2	0	0	0

表 5 – 7 明 细 账 **11**

会计科目 预付账款　　细目 鞍山绿实有限公司　　子目

2019年		凭证编号	摘要	借方										贷方										借或贷	余额									
月	日			千	百	十	万	千	百	十	元	角	分	千	百	十	万	千	百	十	元	角	分		千	百	十	万	千	百	十	元	角	分
8	9	22	预付货款														8	0	0	0	0	0	0											

1. 查找会计记录，指出经济业务存在的会计差错：____。

2. 说明应采用的错账更正方法：________________________________。

3. 进行错账更正。

错账更正过程：

表 5 – 8 通 用 记 账 凭 证

年　月　日　　　　凭证编号：

摘　要	会计科目		借方金额										贷方金额										记账符号
	总账科目	明细科目	千	百	十	万	千	百	十	元	角	分	千	百	十	万	千	百	十	元	角	分	
附单据　张	合　计																						

会计主管　　记账　　稽核　　制单　　出纳　　交领款人

表 5－9

通 用 记 账 凭 证

年　月　日　　　　凭证编号：

摘　要	会计科目		借方金额										贷方金额										记账符号
	总账科目	明细科目	千	百	十	万	千	百	十	元	角	分	千	百	十	万	千	百	十	元	角	分	
附单据　张	合　计																						

会计主管　　记账　　稽核　　制单　　出纳　　交领款人

表 5－10

银行存款日记账　　**6**

2019年		凭证编号	摘要	借方										贷方										√	借或贷	余额									
月	日			千	百	十	万	千	百	十	元	角	分	千	百	十	万	千	百	十	元	角	分			千	百	十	万	千	百	十	元	角	分
8	8		承前页			5	8	2	6	0	0	0	0			2	5	0	1	0	0	0	0		借			1	4	6	9	0	0	0	0
			……																																
	9	22	预付货款				8	0	0	0	0	0	0												借			1	7	8	0	2	0	0	0

表 5－11

明　细　账　　**11**

会计科目 预付账款　　细目 鞍山绿实有限公司　　子目

2019年		凭证编号	摘　要	借方										贷方										借或贷	余额									
月	日			千	百	十	万	千	百	十	元	角	分	千	百	十	万	千	百	十	元	角	分		千	百	十	万	千	百	十	元	角	分
8	9	22	预付货款														8	0	0	0	0	0	0											

实　训　三

【目的】掌握错账的更正方法。

【资料】北上实业有限公司 2019 年 8 月部分会计凭证及账簿资料如表 5－12 至表 5－15 所示。

【要求】（1）根据原始凭证，指出经济业务存在的差错：______________________

（2）指出可以采用的错账更正方法：________________

（3）请用两种方法更正错账：相关用表如表 5－16 至表 5－22 所示。

（4）请分析两种方法有什么差别？哪种方法更科学、简便？________________

表 5－12

（辽）

转账支票存根

$\frac{G}{0}\frac{S}{2}$ 23211

附加信息

出票日期 2019 年 8 月 25 日

收款人：天津当当有限公司

金额：￥200000.00

用途：支付前欠货款

单位主管　　会计

表 5－13

通用记账凭证

2019年8月25日　　　　凭证编号：34

摘要	会计科目		借方金额										贷方金额										记账符号
	总账科目	明细科目	千	百	十	万	千	百	十	元	角	分	千	百	十	万	千	百	十	元	角	分	
支付前欠货款	应付账款	天津当当有限公司				2	0	0	0	0	0	0											✓
	银行存款															2	0	0	0	0	0	0	✓
附单据 1 张	合　计：				￥	2	0	0	0	0	0	0			￥	2	0	0	0	0	0	0	

会计主管 周强　　记账 张帆　　稽核 周强　　制单 赵峰　　出纳 钱力

表 5－14　　　　银行存款日记账　　　　**6**

2019年 月	日	凭证编号	摘要	借方 千	百	十	万	千	百	十	元	角	分	贷方 千	百	十	万	千	百	十	元	角	分	√	借或贷	余额 千	百	十	万	千	百	十	元	角	分
8	8		承前页			5	8	2	6	0	0	0	0			2	5	0	1	0	0	0	0		借			1	4	6	9	0	0	0	0
			……																																
	25	34	支付前欠货款														2	0	0	0	0	0	0		借			4	7	8	0	2	0	0	0

表 5－15　　　　明　细　账　　　　**30**

会计科目 应付账款　　细目 天津当当有限公司　　子目

2019年 月	日	凭证编号	摘　要	借方 千	百	十	万	千	百	十	元	角	分	贷方 千	百	十	万	千	百	十	元	角	分	借或贷	余额 千	百	十	万	千	百	十	元	角	分
8	25	34	支付前欠货款				2	0	0	0	0	0	0																					

错账更正过程

方法一：

表 5－16　　　　通 用 记 账 凭 证

年　月　日　　　　凭证编号：

摘　要	会计科目 总账科目	明细科目	借方金额 千	百	十	万	千	百	十	元	角	分	贷方金额 千	百	十	万	千	百	十	元	角	分	记账符号
附单据　　张	合　　计																						

会计主管　　记账　　稽核　　制单　　出纳　　交领款人

表 5－17 **银行存款日记账** **6**

2019年		凭证编号	摘要	借方										贷方										√	借或贷	余额									
月	日			千	百	十	万	千	百	十	元	角	分	千	百	十	万	千	百	十	元	角	分			千	百	十	万	千	百	十	元	角	分
8	8		承前页			5	8	2	6	0	0	0	0			2	5	0	1	0	0	0	0		借			1	4	6	9	0	0	0	0
			……																																
	25	34	支付前欠货款														2	0	0	0	0	0	0		借			4	7	8	0	2	0	0	0

表 5－18 **明 细 账** **30**

会计科目 应付账款 细目 天津当当有限公司 子目

2019年		凭证编号	摘要	借方										贷方										借或贷	余额									
月	日			千	百	十	万	千	百	十	元	角	分	千	百	十	万	千	百	十	元	角	分		千	百	十	万	千	百	十	元	角	分
8	25	34	支付前欠货款				2	0	0	0	0	0	0																					

错账更正过程方法二：

表 5－19 **通 用 记 账 凭 证**

年 月 日 凭证编号：

摘要	会计科目		借方金额										贷方金额										记账符号
	总账科目	明细科目	千	百	十	万	千	百	十	元	角	分	千	百	十	万	千	百	十	元	角	分	
附单据 张	合 计																						

会计主管 记账 稽核 制单 出纳 交领款人

表 5－20

通用记账凭证

年　月　日　　　　　　凭证编号：

摘要	会计科目		借方金额										贷方金额										记账符号
	总账科目	明细科目	千	百	十	万	千	百	十	元	角	分	千	百	十	万	千	百	十	元	角	分	
附单据　张	合　计																						

会计主管　　记账　　稽核　　制单　　出纳　　交领款人

表 5－21

银行存款日记账

6

2019年		凭证编号	摘要	借方										贷方										√	借或贷	余额									
月	日			千	百	十	万	千	百	十	元	角	分	千	百	十	万	千	百	十	元	角	分			千	百	十	万	千	百	十	元	角	分
8	8		承前页			5	8	2	6	0	0	0	0			2	5	0	1	0	0	0	0		借			1	4	6	9	0	0	0	0
			……																																
	25	34	支付前欠货款														2	0	0	0	0	0	0		借			4	7	8	0	2	0	0	0

表 5－22

明细账

30

会计科目 应付账款　　细目 天津当当有限公司　　子目

2019年		凭证编号	摘要	借方										贷方										借或贷	余额									
月	日			千	百	十	万	千	百	十	元	角	分	千	百	十	万	千	百	十	元	角	分		千	百	十	万	千	百	十	元	角	分
8	25	34	支付前欠货款				2	0	0	0	0	0	0																					

第六单元

财 产 清 查

一、填空

1. 企业库存现金的清查应采用（　　　　）方法确定现金的（　　　　），然后与库存现金日记账（　　　　）核对。

2. 现金盘点报告表是企业对（　　　　）进行清查时，根据（　　　　）填制的一种原始凭证。

3. 财产清查的结果有两种：一是（　　　　）；二是（　　　　）。

4. 企业对财产清查结果进行处理时，涉及的核心账户是（　　　　）。

5. 为了记录、反映财产物资的盘盈、盘亏情况，应设置“待处理财产损溢”账户，在该账户下设置（　　　　）和（　　　　）两个明细账户。

6. 企业对实物资产进行清查，多采用（　　　　）方法。

7. 盘存单是企业对（　　　　）进行清查时，记录（　　　　）的一种原始凭证。

8. 企业对各种往来款项的清查一般采用（　　　　）方法。

9. 企业财产清查的内容包括：（　　　　）、（　　　　）和（　　　　）的盘点或核对。

10. 企业财产清查的目的是查明货币资金、实物资产和往来款项的（　　　　）和（　　　　）是否相等。

二、单项选择

1. 企业对现金进行清查，属于（　　）。

A. 全面清查　　B. 局部清查

C. 技术推算清查　　D. 发函询证清查

2. 财产物资的经管人员发生变动时，应对经管的哪部分财产进行清查，这种清查属于（　　）。

A. 局部清查和定期清查　　B. 局部清查和不定期清查

C. 全面清查和定期清查　　D. 全面清查和不定期清查

3. 库存现金清查的方法是（　　）。

A. 实地盘点法　　B. 核对账目法

C. 技术推算法　　D. 发函询证法

4. 出纳员每日业务结束后，需要对现金进行清查，这种清查属于（　　）。

A. 全面清查和定期清查　　B. 全面清查和不定期清查

C. 局部清查和定期清查　　D. 局部清查和不定期清查

5. 企业对现金进行清查时，应填制（　　）。

A. 盘存单　　B. 库存现金盘点报告表

C. 账存实存对比表　　D. 库存现金日记账

6. 企业对实物资产进行清查时，应填制（　　）。

A. 盘存单　　B. 库存现金盘点报告表

C. 账存实存对比表　　D. 库存现金日记账

7. 实物资产盘点结束后，若发现账实不符，应填制（　　）。

A. 盘存单　　B. 库存现金盘点报告表

C. 账存实存对比表　　D. 库存现金日记账

8. 企业对现金进行清查时，为明确经济责任，（　　）必须在场。

A. 会计主管　　B. 企业法人

C. 出纳员　　D. 会计

9. 企业对实物资产进行清查时，为明确经济责任，（　　）必须在场。

A. 会计主管　　B. 企业法人

C. 出纳员　　D. 仓库保管员

10. 在（　　）情况下，应进行局部清查。

A. 年终决算前　　B. 更换主要领导

C. 单位合并　　D. 更换出纳

三、多项选择

1. 出纳员每日业务终了都要对现金进行清查，应属于（　　）。

A. 定期清查　　B. 不定期清查

C. 全面清查　　D. 局部清查

2. 下列原始凭证可以作为编制记账凭证依据的有（　　）。

A. 盘存单　　B. 现金盘点报告表

C. 账存实存对比表　　D. 往来款项对账单

3. 企业更换出纳员，需对现金进行清查，这属于（　　）。

A. 局部清查　　B. 全面清查

C. 定期清查　　D. 不定期清查

4. 下列需要通过“待处理财产损溢”账户进行核算的业务有（　　）。

A. 财产物资的盘盈　　B. 财产物资的盘亏

C. 财产物资的出售　　D. 财产物资的出租

5. 实物资产的清查方法包括（　　）。

A. 实地盘点法　　B. 技术推算法

C. 发函询证法　　D. 核对账目法

6. 企业可以采用实地盘点法进行清查的有（　　）。

A. 现金　　B. 固定资产

C. 应收账款　　D. 银行存款

7. 企业可以采用技术推算法进行清查的有（　　）。

A. 厂房　　B. 设备

C. 露天堆放的煤　　D. 成堆的砂石

8. “现金盘点报告表”应有（　　）共同签章方能生效。

A. 会计主管　　B. 出纳员

C. 盘点人员　　D. 单位领导

9. “盘存单”应由（　　）共同签章方能生效。

A. 会计主管　　B. 出纳员

C. 盘点人员　　D. 仓库保管人员

10. 财产清查的内容包括（　　）。

A. 货币资金　　B. 实物资产

C. 往来款项　　D. 无形资产

四、连连看

原始凭证名称	相关经济业务
1. 库存现金盘点报告表	A. 确定实物资产盘盈或盘亏
2. 现金清查结果审批意见	B. 记录实物资产清查结果
3. 盘存单	C. 记录现金清查结果
4. 账存实存对比表	D. 处理现金的盘盈、盘亏
5. 原材料清查结果审批意见	E. 核对往来款项
6. 往来款项对账单	F. 处理实物资产盘盈、盘亏

五、岗位实训

实　训　一

【目的】掌握现金盘亏业务的账务处理。

【资料】红星贸易公司 2019 年 5 月 5 日对现金进行清查，相关的原始凭证如表 6－1、表 6－2 所示。

该公司的财务岗位设置情况如下：

会计主管：李伟　负责财务科全面工作，同时负责审核会计凭证工作；

会　　计：王乔　负责编制记账凭证、登记明细账等工作；

出　　纳：刘丹　负责收付现金、银行存款，登记现金、银行存款日记账等工作。

【要求】完成相应账务处理，有关记账凭证和账簿如表 6－3 至表 6－7 所示。（记账凭证按自然数顺序编号）

表 6－1　　　　　　　　库存现金盘点报告表

2019年5月5日　　　　　　　　单位：元

实存金额	账存金额	对比结果		备注
		盘盈	盘亏	
1800	2000		200	
盘点人（签章）　李伟			出纳员（签章）　刘丹	

表 6－2　　　　　　　　库存现金清查结果审批意见表

2019年5月5日　　　　　　　　单元：元

实存金额	账存金额	清查结果		原因
		盘盈	盘亏	
1800	2000		200	无法查明原因
处理意见：　转作管理费用 签名（盖章）　李伟				

表 6－3　　　　　　　　通 用 记 账 凭 证

年　月　日　　　　　　　　凭证编号：

摘　要	会计科目		借方金额										贷方金额										记账符号
	总账科目	明细科目	千	百	十	万	千	百	十	元	角	分	千	百	十	万	千	百	十	元	角	分	
附单据　张	合　计																						

会计主管　　　记账　　　稽核　　　制单　　　出纳　　　交领款人

表 6－4

通用记账凭证

年　月　日　　　　　　凭证编号：

摘　要	会计科目		借方金额										贷方金额										记账符号
	总账科目	明细科目	千	百	十	万	千	百	十	元	角	分	千	百	十	万	千	百	十	元	角	分	
附单据　张	合　计																						

会计主管　　记账　　稽核　　制单　　出纳　　交领款人

表 6－5

库存现金日记账

4

2019年		凭证编号	摘要	借方										贷方										√	借或贷	余额									
月	日			千	百	十	万	千	百	十	元	角	分	千	百	十	万	千	百	十	元	角	分			千	百	十	万	千	百	十	元	角	分
			……																																
5	4	…	……																						借					2	0	0	0	0	0

表 6－6

明　细　账

26

会计科目 待处理财产损溢　　细目 待处理流动资产损溢　　子目

2019年		凭证编号	摘　要	借方										贷方										借或贷	余额									
月	日			千	百	十	万	千	百	十	元	角	分	千	百	十	万	千	百	十	元	角	分		千	百	十	万	千	百	十	元	角	分

表 6－7　　管理费用明细账

年		凭证号数	摘　　要	借方发生额								合计
月	日			办公费	差旅费	职工薪酬	折旧费	修理费	招待费	保险费	其他	

实　训　二

【目的】掌握原材料毁损业务的账务处理。

【资料】红星贸易公司 2019 年 5 月 7 日晚原材料仓库被盗，5 月 8 日对原材料进行清查，相关原始凭证如表 6－8 至表 6－11 所示。

【要求】完成相应账务处理，有关记账凭证和账簿如表 6－12 至表 6－17 所示。

（暂不考虑增值税，记账凭证接实训一按自然数顺序编号）

表 6－8　　盘　存　单

单位名称：红星公司　　盘点时间：2019年5月8日

财产名称：圆钢　　存放地点：仓库　　金额单位：元

编　号	名称	规格或型号	计量单位	数量	单价	金额	备注
	圆钢	16	吨	5	1000	5000	

盘点人：刘佳　　会计主管（签章）：李伟

表 6－9　　实存账存对比表

单位名称：红星公司　　2019年5月8日　　单位：元

编号	类别及名称	规格或型号	计量单位	单价	账存		实存		盘盈		盘亏		备注
					数量	金额	数量	金额	数量	金额	数量	金额	
	圆钢	16	吨	1000	33	33000	5	5000			28	28000	

盘点人（签章）：刘佳　　会计主管（签章）：李伟

表 6－10 **原材料清查结果审批意见**

2019年5月10日 单位：元

账面余额	实有金额	清查结果		原因
		盘盈	盘亏	
33000	5000		28000	被盗
处理意见 净损失计入营业外支出 签名（盖章）刘佳				

表 6－11 **进账单**（收账通知） **3**

2019年5月10日

出票人	全 称	太平洋保险公司锦宁分公司	收款人	全 称	红星贸易公司
	账 号	2115246		账 号	2333444
	开户银行	建设银行铁北支行		开户银行	工商银行解放营业部
金额	人民币（大写）	贰万伍仟元整		亿 千 百 十 万 千 百 十 元 角 分	￥ 2 5 0 0 0 0 0
票据种类	转账支票	票据张数	1		
票据号码	23673				
复核 记账				开户银行签章	

中国工商银行股份有限公司锦宁解放营业部
2019.05.10
核算用章

此联是收款人开户银行交给收款人的收账通知

表 6－12 **通 用 记 账 凭 证**

年 月 日 凭证编号：

摘 要	会计科目		借方金额										贷方金额										记账符号
	总账科目	明细科目	千	百	十	万	千	百	十	元	角	分	千	百	十	万	千	百	十	元	角	分	
附单据 张	合 计																						

会计主管 记账 稽核 制单 出纳 交领款人

表 6－13

通用记账凭证

年　月　日　　　　凭证编号：

摘要	会计科目		借方金额										贷方金额										记账符号
	总账科目	明细科目	千	百	十	万	千	百	十	元	角	分	千	百	十	万	千	百	十	元	角	分	
附单据　张	合　计																						

会计主管　　记账　　稽核　　制单　　出纳　　交领款人

表 6－14

原材料明细账

21

类别：　品名：圆钢　规格：16　计量单位：吨　存放地点：仓库

2019年		凭证编号	摘要	借方											贷方											余额										
月	日			数量	单价	金额									数量	单价	金额									数量	单价	金额								
						百	十	万	千	百	十	元	角	分			百	十	万	千	百	十	元	角	分			百	十	万	千	百	十	元	角	分
			…																																	
5	7	30	…																							33	1000			3	3	0	0	0	0	0

表 6－15

明细账

26

会计科目 待处理财产损溢　细目 待处理流动资产损溢　子目

2019年		凭证编号	摘要	借方										贷方										借或贷	余额									
月	日			千	百	十	万	千	百	十	元	角	分	千	百	十	万	千	百	十	元	角	分		千	百	十	万	千	百	十	元	角	分

表 6－16　　　　　　　　　　**银行存款日记账**　　　　　　　　　　**5**

2019年		凭证编号	摘要	借方										贷方										√	借或贷	余额									
月	日			千	百	十	万	千	百	十	元	角	分	千	百	十	万	千	百	十	元	角	分			千	百	十	万	千	百	十	元	角	分
5	9		……																						借			1	5	5	6	7	9	0	0

表 6－17　　　　　　　　　　**营业外支出明细账**　　　　　　　　　　**45**

年		凭证号	摘要	借方发生额																									余额							
月	日			……	非常损失								其他								合计															
					十	万	千	百	十	元	角	分	十	万	千	百	十	元	角	分	十	万	千	百	十	元	角	分	十	万	千	百	十	元	角	分
				……																																

第七单元

财务会计报告

一、填空

1. (　　　　) 是指企业对外提供的反映某一特定日期财务状况和某一会计期间经营成果、现金流量的书面文件。

2. (　　　　) 是账户式报表。

3. (　　　　) 是多步式报表。

4. 资产负债表是反映企业某一 (　　) 财务状况的报表。

5. (　　　　) 是反映企业在一定会计期间经营成果的报表。

6. 会计档案是指 (　　)、(　　) 和 (　　) 等会计核算专业材料，它是记录和反映企业、行政事业单位经济业务的重要历史资料和证据。

7. 会计档案的保管期限分为 (　　) 和 (　　) 两类。

8. 定期保管期限分为 (　　)、(　　) 和 (　　) 三类。

9. (　　　　　) 是根据有关账户的余额直接或计算分析填列的。

10. (　　　　　) 是根据有关账户的发生额直接或计算分析填列的。

二、单项选择

1. (　　) 是反映企业某一特定日期财务状况的报表。
   A. 资产负债表　　B. 利润表
   C. 现金流量表　　D. 所有者权益变动表

2. 利润表中“销售费用”项目根据 (　　) 账户的发生额填列。
   A. “管理费用”　　B. “财务费用”
   C. “销售费用”　　D. “税金及附加”

3. 资产负债表中“实收资本”项目根据 (　　) 账户的期末余额直接填列。
   A. “实收资本”　　B. “本年利润”

C. “利润分配” D. “盈余公积”

4. 资产负债表中（ ）项目根据“应付票据”账户的期末余额直接填列。

A. “应交税费” B. “其他应付款”

C. “短期借款” D. “应付票据”

5. 利润表中“所得税费用”项目根据（ ）账户的发生额填列。

A. “管理费用” B. “财务费用”

C. “销售费用” D. “所得税费用”

6. 财务报告按反映资金运动的性质不同划分为动态报告和（ ）。

A. 年度报告 B. 动态报告

C. 静态报告 D. 中期报告

7. 资产负债表的结构是（ ）的。

A. 单步式 B. 多步式

C. 报告式 D. 账户式

8. 会计档案是指会计凭证、会计账簿和（ ）等会计核算专业材料。

A. 会计凭证 B. 会计账簿

C. 财务会计报告 D. 人事档案销毁清册

9. 利润表的结构是（ ）的。

A. 单步式 B. 多步式

C. 报告式 D. 账户式

10. 离职的会计人员对所移交的凭证、账簿、报表、文件等应编制（ ）。

A. 会计移交清册 B. 会计档案保管清册

C. 银行余额调节表 D. 银行对账单

三、多项选择

1. 财务会计报告包括（ ）。

A. 利润表 B. 所有者权益变动表

C. 现金流量表 D. 资产负债表

2. 利润表中“营业收入”项目是根据（ ）账户的发生额分析计算填列的。

A. “主营业务收入” B. “主营业务成本”

C. “营业外收入” D. “其他业务收入”

3. 资产负债表中“固定资产”项目是根据（ ）账户的期末余额之差填列的。

A. “固定资产” B. “应收账款”

C. “其他应收款” D. “累计折旧”

4. 资产负债表中“存货”项目是根据（ ）账户的期末余额计算填列的。

A. “原材料” B. “生产成本”

C. “利润分配” D. “库存商品”

5. 财务报告按照报送的时间不同可分为（ ）。

A. 年度报表 B. 动态报表

C. 静态报表 D. 中期报表

6. 利润表属于（　　　　）。

A. 内部报表　　B. 动态报表

C. 中期报表　　D. 外部报告

7. 会计档案具体包括（　　　　）。

A. 会计凭证　　B. 其他会计资料

C. 会计账簿　　D. 财务会计报告

8. 下列资产负债表各项目不能根据总账余额直接填列的有（　　　　）。

A. 货币资金　　B. 存货

C. 未分配利润　　D. 应付职工薪酬

9. 利润表中“营业成本”项目是根据（　　　　）总账的发生额分析计算填列的。

A. 主营业务成本　　B. 其他业务成本

C. 主营业务收入　　D. 其他业务收入

10. 资产负债表中“未分配利润”项目是根据（　　　　）账户的期末余额计算填列的。

A. 货币资金　　B. 存货

C. 本年利润　　D. 利润分配

四、连连看

（一）资产负债表和利润表分别属于哪种报表，请连线。

	A. 静态报表
1. 资产负债表	B. 外部报表
	C. 内部报表
2. 利润表	D. 中期报表
	E. 年度报表
	F. 动态报表

（二）下列资产负债表项目分别根据哪些账户的余额直接或计算填列的，请连线。

	A. 其他货币资金总账
1. 货币资金项目	B. 应付票据总账
2. 应交税费项目	C. 实收资本总账
3. 应付股利项目	D. 应付股利总账
4. 实收资本项目	E. 库存现金总账
5. 盈余公积项目	F. 应交税费总账
6. 应付票据项目	G. 银行存款总账
	H. 盈余公积总账

（三）不同的会计档案保管期限不同，请连线。

1. 原始凭证	A. 5 年
2. 记账凭证	B. 10 年
3. 会计移交清册	C. 30 年
4. 总账	D. 永久
5. 年度财务报告	

五、岗位实训

实　训　一

【目的】练习资产负债表的编制。

【资料】田鑫食品公司2019年12月有关总账的资料如表7－1至表7－3所示。

表7－1　　　　**总　账**　　　　1

会计科目 库存现金

2019年		凭证号	摘　要	借方									贷方									借或贷	余额								
月	日			百	十	万	千	百	十	元	角	分	百	十	万	千	百	十	元	角	分		百	十	万	千	百	十	元	角	分
11	30		本月合计																			借				2	0	0	0	0	0
12	31	科汇1	1至31日汇总				5	0	0	0	0	0				4	0	0	0	0	0	借				3	0	0	0	0	0
12	31		本月合计				5	0	0	0	0	0				4	0	0	0	0	0	借				3	0	0	0	0	0

表7－2　　　　**总　账**　　　　5

会计科目 银行存款

2019年		凭证号	摘　要	借方									贷方									借或贷	余额								
月	日			百	十	万	千	百	十	元	角	分	百	十	万	千	百	十	元	角	分		百	十	万	千	百	十	元	角	分
11	30		本月合计																			借		1	0	0	0	0	0	0	0
12	31	科汇1	1至31日汇总		1	3	2	0	0	0	0	0			3	0	0	0	0	0	0	借		2	0	2	0	0	0	0	0
12	31		本月合计		1	3	2	0	0	0	0	0			3	0	0	0	0	0	0	借		2	0	2	0	0	0	0	0

表7－3　　　　**总　账**　　　　10

会计科目 其他货币资金

2019年		凭证号	摘　要	借方									贷方									借或贷	余额								
月	日			百	十	万	千	百	十	元	角	分	百	十	万	千	百	十	元	角	分		百	十	万	千	百	十	元	角	分
12	31	科汇1	1至31日汇总			3	0	0	0	0	0	0			1	0	0	0	0	0	0	借			2	0	0	0	0	0	0
12	31		本月合计			3	0	0	0	0	0	0			1	0	0	0	0	0	0	借			2	0	0	0	0	0	0

【要求】根据上述资料填列2019年12月31日的资产负债表中“货币资金”项目的金额如表7－4所示。

表 7－4

资产负债表（简表）

编制单位：*田鑫食品公司*　　　　*2019*年 *12*月 *31*日　　　　单位：元

资　　产	期末余额	年初余额	负债及所有者权益	期末余额	年初余额
流动资产			流动负债		
货币资金			短期借款		
交易性金融资产			交易性金融负债		
应收票据及应收账款			应付票据及应付账款		
预付款项			预收款项		
其他应收款			应付职工薪酬		
存货			应交税费		
流动资产合计			其他应付款		
非流动资产			流动负债合计		
长期股权投资			非流动负债		
固定资产			长期借款		
在建工程			非流动负债合计		
无形资产			负债合计		
长期待摊费用			所有者权益		
非流动资产合计			实收资本		
			资本公积		
			盈余公积		
			未分配利润		
			所有者权益合计		
资产总计			负债及所有者权益总计		

实　训　二

【目的】练习资产负债表的编制。

【资料】田鑫食品公司 2019 年 12 月有关总账的资料如表 7－5、表 7－6 所示。

表 7－5

总　　账　　　　**35**

会计科目 *固定资产*

*2019*年 月	日	凭证号	摘　要	借方 百	十	万	千	百	十	元	角	分	贷方 百	十	万	千	百	十	元	角	分	借或贷	余额 百	十	万	千	百	十	元	角	分
11	*30*		本月合计																			*借*		*3*	*0*	*0*	*0*	*0*	*0*	*0*	*0*
12	*31*	*科汇 1*	*1 至 31 日汇总*		*2*	*0*	*0*	*0*	*0*	*0*	*0*	*0*										*借*		*5*	*0*	*0*	*0*	*0*	*0*	*0*	*0*
12	*31*		本月合计		*2*	*0*	*0*	*0*	*0*	*0*	*0*	*0*										*借*		*5*	*0*	*0*	*0*	*0*	*0*	*0*	*0*

表 7－6　　　　　　　　　　　　**总　　账**　　　　　　　　　　　　**38**

会计科目 累计折旧

2019年		凭证号	摘　要	借方									贷方									借或贷	余额								
月	日			百	十	万	千	百	十	元	角	分	百	十	万	千	百	十	元	角	分		百	十	万	千	百	十	元	角	分
11	30		本月合计																			借			3	0	0	0	0	0	0
12	31	科汇1	1至31日汇总													5	0	0	0	0	0	借			3	5	0	0	0	0	0
12	31		本月合计													5	0	0	0	0	0	借			3	5	0	0	0	0	0

【要求】根据上述资料填列 2019 年 12 月 31 日的资产负债表中“固定资产”项目如表 7－7 所示。

表 7－7

资产负债表（简表）

编制单位：田鑫食品公司　　　　2019年 12月 31日　　　　单位：元

资　产	期末余额	年初余额	负债及所有者权益	期末余额	年初余额
流动资产			流动负债		
货币资金			短期借款		
交易性金融资产			交易性金融负债		
应收票据及应收账款			应付票据及应付账款		
预付款项			预收款项		
其他应收款			应付职工薪酬		
存货			应交税费		
流动资产合计			其他应付款		
非流动资产			流动负债合计		
长期股权投资			非流动负债		
固定资产			长期借款		
在建工程			非流动负债合计		
无形资产			负债合计		
长期待摊费用			所有者权益		
非流动资产合计			实收资本		
			资本公积		
			盈余公积		
			未分配利润		
			所有者权益合计		
资产总计			负债及所有者权益总计		

实　训　三

【目的】练习资产负债表的编制。

【资料】田鑫食品公司2019年12月有关总账的资料如表7－8至表7－10所示。

表7－8　　　　　　　　　　　　总　账　　　　　　　　　　　　**25**

会计科目 原材料

2019年		凭证号	摘要	借方									贷方									借或贷	余额								
月	日			百	十	万	千	百	十	元	角	分	百	十	万	千	百	十	元	角	分		百	十	万	千	百	十	元	角	分
11	30		本月合计																			借			3	0	0	0	0	0	0
12	31	科汇1	1至31日汇总			2	0	0	0	0	0	0										借			5	0	0	0	0	0	0
12	31		本月合计			2	0	0	0	0	0	0										借			5	0	0	0	0	0	0

表7－9　　　　　　　　　　　　总　账　　　　　　　　　　　　**28**

会计科目 生产成本

2019年		凭证号	摘要	借方									贷方									借或贷	余额								
月	日			百	十	万	千	百	十	元	角	分	百	十	万	千	百	十	元	角	分		百	十	万	千	百	十	元	角	分
11	30		本月合计																			借			1	0	0	0	0	0	0
12	31	科汇1	1至31日汇总			6	0	0	0	0	0	0			3	0	0	0	0	0	0	借			4	0	0	0	0	0	0
12	31		本月合计			6	0	0	0	0	0	0			3	0	0	0	0	0	0	借			4	0	0	0	0	0	0

表7－10　　　　　　　　　　　　总　账　　　　　　　　　　　　**33**

会计科目 库存商品

2019年		凭证号	摘要	借方									贷方									借或贷	余额								
月	日			百	十	万	千	百	十	元	角	分	百	十	万	千	百	十	元	角	分		百	十	万	千	百	十	元	角	分
11	30		本月合计																			借			1	0	0	0	0	0	0
12	31	科汇1	1至31日汇总			9	0	0	0	0	0	0			4	0	0	0	0	0	0	借			6	0	0	0	0	0	0
12	31		本月合计			9	0	0	0	0	0	0			4	0	0	0	0	0	0	借			6	0	0	0	0	0	0

【要求】根据上述资料填列2019年12月31日的资产负债表中“存货”项目如表7－11所示。

表 7－11

资产负债表（简表）

编制单位：*田鑫食品公司*　　　　*2019*年 *12*月 *31*日　　　　单位：元

资　产	期末余额	年初余额	负债及所有者权益	期末余额	年初余额
流动资产			流动负债		
货币资金			短期借款		
交易性金融资产			交易性金融负债		
应收票据及应收账款			应付票据及应付账款		
预付款项			预收款项		
其他应收款			应付职工薪酬		
存货			应交税费		
流动资产合计			其他应付款		
非流动资产			流动负债合计		
长期股权投资			非流动负债		
固定资产			长期借款		
在建工程			非流动负债合计		
无形资产			负债合计		
长期待摊费用			所有者权益		
非流动资产合计			实收资本		
			资本公积		
			盈余公积		
			未分配利润		
			所有者权益合计		
资产总计			负债及所有者权益总计		

实　训　四

【目的】练习资产负债表的编制。

【资料】田鑫食品公司2019年12月有关总账的资料如表7－12、表7－13所示。

表 7－12

总　账

60

会计科目 *本年利润*

*2019*年		凭证号	摘　要	借方									贷方									借或贷	余额								
月	日			百	十	万	千	百	十	元	角	分	百	十	万	千	百	十	元	角	分		百	十	万	千	百	十	元	角	分
11	*30*		本月合计																			*贷*		*1*	*1*	*0*	*0*	*0*	*0*	*0*	*0*
12	*31*	*科汇1*	*1至31日汇总*			*6*	*0*	*0*	*0*	*0*	*0*	*0*			*9*	*0*	*0*	*0*	*0*	*0*	*0*	*贷*		*1*	*4*	*0*	*0*	*0*	*0*	*0*	*0*
12	*31*		本月合计			*6*	*0*	*0*	*0*	*0*	*0*	*0*			*9*	*0*	*0*	*0*	*0*	*0*	*0*	*贷*		*1*	*4*	*0*	*0*	*0*	*0*	*0*	*0*

表 7 – 13

总　　账

会计科目 利润分配

2019年		凭证号	摘　要	借方									贷方									借或贷	余额								
月	日			百	十	万	千	百	十	元	角	分	百	十	万	千	百	十	元	角	分		百	十	万	千	百	十	元	角	分
11	30		本月合计																			贷			1	0	0	0	0	0	0
12	31	科汇1	1至31日汇总			6	0	0	0	0	0	0			9	0	0	0	0	0	0	贷			4	0	0	0	0	0	0
12	31		本月合计			6	0	0	0	0	0	0			9	0	0	0	0	0	0	贷			4	0	0	0	0	0	0

【要求】根据上述资料填列 2019 年 12 月 31 日的资产负债表中“未分配利润”项目如表 7 – 14 所示。

表 7 – 14

资产负债表（简表）

编制单位：田鑫食品公司　　　　2019年12月31日　　　　单位：元

资　产	期末余额	年初余额	负债及所有者权益	期末余额	年初余额
流动资产			流动负债		
货币资金			短期借款		
交易性金融资产			交易性金融负债		
应收票据及应收账款			应付票据及应付账款		
预付款项			预收款项		
其他应收款			应付职工薪酬		
存货			应交税费		
流动资产合计			其他应付款		
非流动资产			流动负债合计		
长期股权投资			非流动负债		
固定资产			长期借款		
在建工程			非流动负债合计		
无形资产			负债合计		
长期待摊费用			所有者权益		
非流动资产合计			实收资本		
			资本公积		
			盈余公积		
			未分配利润		
			所有者权益合计		
资产总计			负债及所有者权益总计		

实 训 五

【目的】练习利润表的编制。

【资料】田鑫食品公司2019年12月有关总账的资料如表7－15、表7－16所示。

表7－15 总　账 **70**

会计科目 主营业务收入

2019年		凭证号	摘　要	借方									贷方									借或贷	余额								
月	日			百	十	万	千	百	十	元	角	分	百	十	万	千	百	十	元	角	分		百	十	万	千	百	十	元	角	分
12	31	科汇1	1至31日汇总		3	1	0	0	0	0	0	0		3	1	0	0	0	0	0	0	平							0		
12	31		本月合计		3	1	0	0	0	0	0	0		3	1	0	0	0	0	0	0	平							0		

表7－16 总　账 **75**

会计科目 其他业务收入

2019年		凭证号	摘　要	借方									贷方									借或贷	余额								
月	日			百	十	万	千	百	十	元	角	分	百	十	万	千	百	十	元	角	分		百	十	万	千	百	十	元	角	分
12	31	科汇1	1至31日汇总			1	0	0	0	0	0	0			1	0	0	0	0	0	0	平							0		
12	31		本月合计			1	0	0	0	0	0	0			1	0	0	0	0	0	0	平							0		

【要求】根据上述资料填列2019年12月的利润表中“营业收入”项目如表7－17所示。

表7－17 **利润表**（简表）

编制单位：田鑫食品公司　　2019年12月　　单位：元

项　目	本期金额	上期金额
一、营业收入		
减：营业成本		
税金及附加		
销售费用		
管理费用		
财务费用		
加：投资收益（净损失以“－”号填列）		
二、营业利润（亏损以“－”号填列）		
加：营业外收入		
减：营业外支出		
三、利润总额（亏损总额以“－”号填列）		
减：所得税费用		
四、净利润（净亏损以“－”号填列）		

实 训 六

【目的】练习利润表的编制。

【资料】田鑫食品公司 2019 年 12 月有关总账资料如表 7－18、表 7－19 所示。

表 7－18　　　　　　　　　　　总　　账　　　　　　　　　　　**80**

会计科目 主营业务成本

2019年		凭证号	摘　要	借方									贷方									借或贷	余额								
月	日			百	十	万	千	百	十	元	角	分	百	十	万	千	百	十	元	角	分		百	十	万	千	百	十	元	角	分
12	31	科汇1	1至31日汇总		1	2	0	0	0	0	0	0		1	2	0	0	0	0	0	0	平							0		
12	31		本月合计		1	2	0	0	0	0	0	0		1	2	0	0	0	0	0	0	平							0		

表 7－19　　　　　　　　　　　总　　账　　　　　　　　　　　**85**

会计科目 其他业务成本

2019年		凭证号	摘　要	借方									贷方									借或贷	余额								
月	日			百	十	万	千	百	十	元	角	分	百	十	万	千	百	十	元	角	分		百	十	万	千	百	十	元	角	分
12	31	科汇1	1至31日汇总				6	0	0	0	0	0				6	0	0	0	0	0	平							0		
12	31		本月合计				6	0	0	0	0	0				6	0	0	0	0	0	平							0		

【要求】根据上述资料填列 2019 年 12 月 31 日的利润表中“营业成本”项目如表 7－20 所示。

表 7－20　　　　　　　　　　利　润　表（简表）

编制单位：田鑫食品公司　　　　　　　2019年 12月　　　　　　　　单位：元

项　　目	本期金额	上期金额
一、营业收入		
减：营业成本		
税金及附加		
销售费用		
管理费用		
财务费用		
加：投资收益（净损失以“－”号填列）		
二、营业利润（亏损以“－”号填列）		
加：营业外收入		
减：营业外支出		
三、利润总额（亏损总额以“－”号填列）		
减：所得税费用		
四、净利润（净亏损以“－”号填列）		

习题答案

第一单元　会计主体与会计要素

一、填空（将正确答案填在括号内，以下各单元填空答法与此相同）

1. 生产准备过程　产品生产过程
2. 法人代表名章
3. 销售　销售　购货
4. 借款人　三　借款
5. 外来　自制
6. 收款　收款　付款
7. 存款　银行
8. 现金缴款单
9. 货币
10. 发生
11. 购销
12. 借款
13. 收取
14. 现金
15. 入库

二、单项选择（将正确答案前面的英文字母填在括号内，以下各单元单项选择答法与此相同）

1. C　2. B　3. A　4. B　5. B　6. D　7. C　8. C　9. B　10. A

三、多项选择（每题有两个或两个以上正确答案，将正确答案前面的英文字母填在括号内，以下各单元多项选择答法与此相同）

1. ABC　2. BD　3. AB　4. ABC　5. ABCD　6. ABCD　7. ABCD　8. AC　9. AD　10. ABD

四、判断（正确的在括号内划√，错误的划×，以下各单元判断题答法与此相同）

1. ×　2. √　3. √　4. ×　5. √　6. ×　7. ×　8. ×

五、连连看（找出与左侧内容相对应的选项，并用直线连接起来，以下各单元连连看答法与此相同）

（一）练习资产类会计要素

1—F　2—D　3—G　4—A　5—H　6—I　7—B　8—E　9—C　10—J

（二）练习负债类会计要素

1—A　2—B　3—G　4—F　5—E　6—C　7—H　8—D

（三）练习资产、负债和所有者权益类会计要素

1—J　2—F　3—E　4—B　5—H　6—D　7—I　8—C　9—A　10—G

（四）练习收入、费用和利润类会计要素

1—D　2—E　3—A　4—B　5—F　6—C　7—G

（五）练习会计要素

1—A B　2—E G H　3—C　4—I　5—D F　6—J

六、职业能力训练

训　练　一

【要求】完成表 1－1。

表 1－1

序号	备选答案		答案
1	A. 应收款项增加	B. 应付款项增加	（例如）A
2	A. 现金增加	B. 现金减少	B
3	A. 现金增加	B. 现金减少	B
4	A. 现金增加	B. 现金减少	A
5	A. 应收款项增加	B. 应付款项增加	B

训　练　二

作业纸

分析原始凭证：

1. 确定会计主体连云公司。

2. 说明原始凭证的来源从动力机厂取得发票，作为记账用的原始凭证。

3. 审核原始凭证的内容表 1－2 的发票表明，2019 年 4 月 5 日，企业购入甲材料 500 吨，单价 20 元，金额 10000 元。

训　练　三

作业纸

分析原始凭证：

1. 确定会计主体云港公司。

2. 说明原始凭证的来源企业职工王天填制借款单一式三联，第三联作为借款的原始凭证。

3. 审核原始凭证的内容表1－3的借款单表明，2019年4月9日，企业供销科王天到北京参加展览会，会期9天，预借差旅费1500元，用现金支付。

训　练　四

表1－4　　作　业　纸

题号	判断正误并改正判断（正确划"√"，错误的划"×"并改正）
1	
2	(√)
3	(×) 更正（大写金额）人民币叁拾贰万肆仟伍佰元整
4	(×) 更正（大写金额）人民币叁拾贰万肆仟伍佰元整
5	(×) 更正（大写金额）人民币叁拾贰万肆仟伍佰元整
6	(×) 更正⊗仟⊗佰叁拾贰万肆仟伍佰零拾零元零角零分
7	(×) 更正⊗仟⊗佰叁拾贰万肆仟伍佰零拾零元零角零分
8	(×) 更正⊗仟⊗佰叁拾贰万肆仟伍佰零拾零元零角零分
9	(√)
10	(√)
11	(×) 更正人民币 （大写）伍拾陆万零叁佰陆拾肆元捌角陆分
12	(×) 更正人民币 （大写）伍拾陆万零叁佰陆拾肆元捌角陆分
13	(×) 更正⊗仟⊗佰叁拾贰万肆仟伍佰零拾零元零角零分 或零仟零佰叁拾贰万肆仟伍佰零拾零元零角零分
14	(√)
15	(×) 更正￥124567.00
16	(×) 更正￥4567.00或4567.00元
17	(×) 更正￥4567.00

训　练　五

作业纸

分析原始凭证：

1. 确定会计主体锦州市云港公司。

2. 说明原始凭证的来源企业从银行取得借款借据，作为取得借款并将款项存入银行的原始凭证。

3. 审核原始凭证的内容表 1－5 的银行借款借据表明，2019 年 8 月 1 日，企业从银行借入期限为 4 个月的借款 200000 元，存入银行。

训　练　六

作业纸

分析原始凭证：

1. 确定会计主体锦州市云港公司。

2. 说明原始凭证的来源从企业内部取得材料入库单，作为材料验收入库的原始凭证。

3. 审核原始凭证的内容表 1－6 的材料入库单表明，2019 年 4 月 1 日，企业将从长生糖业有限公司购入的材料验收入库，材料数量 2000 千克，单价 7 元，金额 14000 元。

训　练　七

1. 填制收款收据。

表 1－7　　　　**收 款 收 据**　　　　NO：0354587

收款日期 2019 年 11 月 8 日

<table>
<tr><td>付款单位
（交款人）</td><td>乙公司</td><td>收款单位
（收款人）</td><td colspan="10">甲公司</td><td>收款
项目</td><td>投资款</td></tr>
<tr><td rowspan="2">人民币
（大写）</td><td colspan="3" rowspan="2">壹万元整</td><td>千</td><td>百</td><td>十</td><td>万</td><td>千</td><td>百</td><td>十</td><td>元</td><td>角</td><td>分</td><td>结算方式</td></tr>
<tr><td></td><td></td><td>¥</td><td>1</td><td>0</td><td>0</td><td>0</td><td>0</td><td>0</td><td>0</td><td>现金</td></tr>
<tr><td rowspan="2">收款事由</td><td colspan="3" rowspan="2">乙公司投资款</td><td rowspan="2">经办</td><td colspan="2">部门</td><td colspan="8"></td></tr>
<tr><td colspan="2">人员</td><td colspan="8"></td></tr>
<tr><td colspan="4" rowspan="2">上述款项照数收讫无误。
收款单位财务专用章：
（领款人签章）
甲公司 财务专用章</td><td colspan="3">会计主管</td><td colspan="3">稽核</td><td colspan="4">出纳</td><td>交款人</td></tr>
<tr><td colspan="3">伍雨</td><td colspan="3">海遥</td><td colspan="4">李小璐</td><td>张一</td></tr>
</table>

第二联　收款单位记账凭据

使用范围及规定：（1）本收据只能用于单位内部和单位与单位、单位与个人之间的非经营性经济往来，不得代替发票、行政事业性收费等政府非税收入收据和罚没收据。（2）结算方式按现金结算、银行结算和转账结算等方式分别填列。（3）作废时，应加盖作废戳记，并同存根一起保存，不得自行销毁。

2. 说明原始凭证的来源甲公司出纳员开具收据一式三联，第二联作为记账用的原始凭证。

3. 根据收款收据分析会计要素的增减变动情况。

会计要素	项目	增减	金额（元）
资产	库存现金	增加	10000
所有者权益	实收资本	增加	10000

训　练　八

1. 填制材料入库单。

表1－9　　材料验收入库单　②记账

验收仓库 #　　2019年9月21日　　第　号

供应单位：春生公司			合同号			发票号	№45879	托收支票	
物资名称	材质	规格型号	单位	数量		实际价格			
				应收	实收	单价	金额	运杂费	合计
A材料			吨	100	100	90	9000		9000
合计							9000		9000

2. 说明原始凭证的来源海韵公司从春生公司取得购货发票，本企业自制材料入库单，作为企业记账用的原始凭证。

3. 根据原始凭证分析会计要素的增减变动情况。

会计要素	项目	增减	金额（元）
资产	原材料	增加	9000
资产	库存现金	减少	9000

训　练　九

1. 说明原始凭证的来源企业销售产品，开出发票，发票记账联作为原始凭证。

2. 根据原始凭证分析会计要素的增减变动情况。

会计要素	项目	增减	金额（元）
资产	库存现金	增加	13500
收入	主营业务收入	增加	13500

训　练　十

表 1－10

序号	业务题	原始凭证名称	出具原始凭证单位
1	材料验收入库	（例）材料入库单	（例）远航公司
2	销售甲产品	发票	远航公司
3	将现金存入银行	现金缴款单	远航公司
4	收到投资款	收款收据	远航公司
5	将材验收入库	材料入库单	远航公司
6	支付红光公司广告费	广告费发票	红光公司
7	从银行借款	银行借款凭证	银行

训　练　十　一

表 1－11

序号	经济业务	分析经济业务对会计平衡式的影响
1	购入 C 材料 7800 元，款项尚未支付。	（举例）资产与权益同时增加，则总额增加，平衡关系不变。
2	从银行提取现金 300 元备用。	资产内部有增有减，则总额不变，平衡关系不变。
3	收回应收账款 8000 元，存入银行。	资产内部有增有减，则总额不变，平衡关系不变。
4	用银行存款缴纳上月税款 4000 元。	资产与权益同时减少，则总额减少，平衡关系不变。
5	从银行借入 3 年期借款 20000 元，存入银行。	资产与权益同时增加，则总额增加，平衡关系不变。
6	从银行取得短期借款 10000 元，直接偿还应付账款。	权益内部有增有减，则总额不变，平衡关系不变。

七、岗位实训

实　训　一

该笔经济业务引起会计要素增减变化情况如下：

会计要素	项目	增减	金额（元）
资产	银行存款	增加	21000
资产	库存现金	减少	21000

实　训　二

该笔经济业务引起会计要素增减变化情况如下：

会计要素	项目	增减	金额（元）
资产	其他应收款	增加	1500
资产	库存现金	减少	1500

第二单元　账户和复式记账

一、填空

1. 资产类　负债类　所有者权益类　损益类　成本类
2. 总分类科目　明细分类科目
3. 总括分类　总括信息
4. 总分类科目　详细具体会计信息
5. 借贷记账法
6. 有借必有贷　借贷必相等
7. 增加　减少　借
8. 增加　减少　贷
9. 相同　相反
10. 相反　相同

二、单项选择

1. A　2. A　3. B　4. B　5. A　6. C　7. A　8. A　9. B
10. C　11. D　12. C　13. B　14. C　15. D

三、多项选择

1. ABD　2. ACD　3. ACD　4. CD　5. CD　6. ABC　7. ACD　8. AD
9. BD　10. BCD　11. BC　12. AD　13. ABD　14. AC　15. AB

四、判断

1. ×　2. √　3. ×　4. ×　5. ×　6. ×　7. ×　8. √　9. ×　10. √

五、连连看

（一）

1—F　2—B　3—E　4—A　5—G　6—D　7—H　8—I　9—J　10—C

（二）

1—H　2—I　3—C　4—E　5—J　6—G　7—A　8—B　9—F　10—D

（三）

1—E　2—A　3—F　4—D　5—B　6—H　7—G　8—C　9—I　10—J

六、职业能力训练

训　练　一

1. 固定资产
2. 原材料
3. 库存现金
4. 银行存款
5. 无形资产
6. 应交税费
7. 管理费用
8. 应付职工薪酬
9. 应付账款
10. 销售费用
11. 短期借款
12. 盈余公积
13. 应收账款

训　练　二

1. 计算“原材料”账户的本期增加发生额、本期减少发生额及余额。

本期增加发生额 = 5000 + 2000 = 7000（元）

本期减少发生额 = 3500 + 3000 = 6500（元）

期末余额 = 15000 + 7000 − 6500 = 15500（元）

2. 完成表 2－1“原材料”账户的登记。

表 2－1　　　　**总　账**

会计科目 原材料

2019年		凭证编号	摘要	借方										贷方										借或贷	余额									
月	日			千	百	十	万	千	百	十	元	角	分	千	百	十	万	千	百	十	元	角	分		千	百	十	万	千	百	十	元	角	分
4	1		期初余额																					借				1	5	0	0	0	0	0
	3		购入					5	0	0	0	0	0											借				2	0	0	0	0	0	0
	6		购入					2	0	0	0	0	0											借				2	2	0	0	0	0	0
	15		发出															3	5	0	0	0	0	借				1	8	5	0	0	0	0
	20		发出															3	0	0	0	0	0	借				1	5	5	0	0	0	0
	30		本月合计					7	0	0	0	0	0					6	5	0	0	0	0	借				1	5	5	0	0	0	0

训　练　三

表 2－2

账户名称	期初余额		本期发生额		借或贷	期末余额
	借方	贷方	借方	贷方		
长期借款		15000	16000	25000	贷	（24000）
无形资产	50000		35000	0	借	（85000）
库存现金	960		400	600	借	（760）
银行存款	60000		16500	58000	借	（18500）
资本公积		56000	0	80000	贷	（176000）
原材料	45000		8000	1600	借	（51400）
固定资产	60000		35000	20000	借	（75000）

训　练　四

1. 借：无形资产	24000	
贷：实收资本		24000
2. 借：银行存款	20000	
贷：应收账款		20000
3. 借：短期借款	80000	
贷：银行存款		80000
4. 借：固定资产	40000	
贷：银行存款		40000
5. 借：银行存款	2000	
贷：库存现金		2000
6. 借：资本公积	50000	
贷：实收资本		50000
7. 借：银行存款	150000	
贷：实收资本		150000
8. 借：销售费用	28000	
贷：银行存款		28000
9. 借：管理费用	880	
贷：库存现金		880
10. 借：应付账款	24000	
贷：银行存款		24000
11. 借：库存现金	6800	
贷：银行存款		6800
12. 借：应付职工薪酬	138000	
贷：库存现金		138000

13. 借：其他应收款　　　　3500
　　　贷：库存现金　　　　3500
14. 借：银行存款　　　　38000
　　　贷：长期借款　　　　38000

七、岗位实训

实　训　一

1. 4月2日，收到A公司偿还的前欠货款20000元，存入银行。

表2-3　　**收款记账凭证**

凭证编号：收字1号

2019年4月2日　　借方科目：银行存款

摘　要	结算方式	票号	贷方科目		金　额										记账符号
			总账科目	明细科目	千	百	十	万	千	百	十	元	角	分	
收回A公司前欠款项	转账		应收账款	A公司				2	0	0	0	0	0	0	
附单据 1 张			合　计				¥	2	0	0	0	0	0	0	

会计主管　　记账　　稽核　　制单 李红　　出纳　　交款人

2. 4月3日，销售一批乙产品，售价80000元，款项已存入银行。（暂不考虑增值税）

表2-4　　**收款记账凭证**

凭证编号：收字2号

2019年4月3日　　借方科目：银行存款

摘　要	结算方式	票号	贷方科目		金　额										记账符号
			总账科目	明细科目	千	百	十	万	千	百	十	元	角	分	
销售产品收到款项	转账		主营业务收入					8	0	0	0	0	0	0	
附单据 2 张			合　计				¥	8	0	0	0	0	0	0	

会计主管　　记账　　稽核　　制单 李红　　出纳　　交款人

3. 4 月 6 日，购进甲材料一批，货款为 10000 元，款项已用银行存款支付，材料运到并验收入库。（不考虑增值税）

表 2－5　　　　**付款记账凭证**

凭证编号：付字 1 号

2019年 4月 6日　　　　贷方科目：银行存款

摘要	结算方式	票号	借方科目		金额										记账符号
			总账科目	明细科目	千	百	十	万	千	百	十	元	角	分	
购入材料	转账		原材料					1	0	0	0	0	0	0	
附单据 2 张			合计				¥	1	0	0	0	0	0	0	

会计主管　　记账　　稽核　　制单 李红　　出纳　　交款人

4. 4 月 8 日，接受 H 公司现金投资 1200000 元，存入银行。

表 2－6　　　　**收款记账凭证**

凭证编号：收字 3 号

2019年 4月 8日　　　　借方科目：银行存款

摘要	结算方式	票号	贷方科目		金额										记账符号
			总账科目	明细科目	千	百	十	万	千	百	十	元	角	分	
接受投资	转账		实收资本			1	2	0	0	0	0	0	0	0	
附单据 1 张			合计		¥	1	2	0	0	0	0	0	0	0	

会计主管　　记账　　稽核　　制单 李红　　出纳　　交款人

5. 4 月 10 日，以银行存款偿还已到期的长期借款 80000 元。

表 2 – 7

付款记账凭证

凭证编号：付字 2 号

2019年 4月 10日　　　　贷方科目：银行存款

摘要	结算方式	票号	借方科目		金额										记账符号
			总账科目	明细科目	千	百	十	万	千	百	十	元	角	分	
偿还借款		转账	长期借款					8	0	0	0	0	0	0	
附单据 1 张			合计				¥	8	0	0	0	0	0	0	

会计主管　　记账　　稽核　　制单 李红　　出纳　　交款人

6. 4 月 16 日，根据合同规定，预收 M 公司购买乙产品的货款 40000 元，已存入银行。

表 2 – 8

收款记账凭证

凭证编号：收字 4 号

2019年 4月 16日　　　　借方科目：银行存款

摘要	结算方式	票号	贷方科目		金额										记账符号
			总账科目	明细科目	千	百	十	万	千	百	十	元	角	分	
预收货款	转账		实收账款					4	0	0	0	0	0	0	
附单据 2 张			合计				¥	4	0	0	0	0	0	0	

会计主管　　记账　　稽核　　制单 李红　　出纳　　交款人

7. 4 月 19 日，从银行提取现金 1000 元，备用。

表 2－9　　　　**付款记账凭证**

凭证编号：付字 3 号

2019年 4月 19日　　　　贷方科目：银行存款

摘要	结算方式	票号	借方科目		金额										记账符号
			总账科目	明细科目	千	百	十	万	千	百	十	元	角	分	
提现金			库存现金						1	0	0	0	0	0	
附单据 1 张			合　计					¥	1	0	0	0	0	0	

会计主管　　记账　　稽核　　制单 李红　　出纳　　交款人

8. 4 月 21 日，购买办公用品，发票上记载金额为 600 元，以现金支付。

表 2－10　　　　**付款记账凭证**

凭证编号：付字 4 号

2019年 4月 21日　　　　贷方科目：库存现金

摘要	结算方式	票号	借方科目		金额										记账符号
			总账科目	明细科目	千	百	十	万	千	百	十	元	角	分	
购买办公用品			管理费用							6	0	0	0	0	
附单据 1 张			合　计						¥	6	0	0	0	0	

会计主管　　记账　　稽核　　制单 李红　　出纳　　交款人

9. 4 月 28 日，取得短期借款 20000 元，存入银行。

表 2－11

收款记账凭证

凭证编号：收字 5 号

2019年 4月 28日　　　　借方科目：银行存款

摘要	结算方式	票号	贷方科目		金额										记账符号
			总账科目	明细科目	千	百	十	万	千	百	十	元	角	分	
取得借款	转账		短期借款					2	0	0	0	0	0	0	
附单据 1 张			合计				¥	2	0	0	0	0	0	0	

会计主管　　记账　　稽核　　制单 李红　　出纳　　交款人

10. 4 月 30 日，办公室主任李强出差预借差旅费 800 元，以现金支付。

表 2－12

付款记账凭证

凭证编号：付字 5 号

2019年 4月 30日　　　　贷方科目：库存现金

摘要	结算方式	票号	借方科目		金额										记账符号
			总账科目	明细科目	千	百	十	万	千	百	十	元	角	分	
预借差旅费			其他应收款							8	0	0	0	0	
附单据 1 张			合计						¥	8	0	0	0	0	

会计主管　　记账　　稽核　　制单 李红　　出纳　　交款人

实 训 二

1. 4 月 6 日，从 H 公司购进甲材料一批，货款为 80000 元，款项尚未支付，材料已验收入库。（暂不考虑增值税）

表 2－13

转 账 记 账 凭 证

2019年4月6日　　　　凭证编号：转字第1号

摘要	会计科目		借方金额										贷方金额										记账符号
	总账科目	明细科目	千	百	十	万	千	百	十	元	角	分	千	百	十	万	千	百	十	元	角	分	
购入材料	原材料					8	0	0	0	0	0	0											
	应付账款															8	0	0	0	0	0	0	
附单据 2 张	合　计：				¥	8	0	0	0	0	0	0			¥	8	0	0	0	0	0	0	

会计主管　　　　记账　　　　稽核　　　　制单 孙丽　　　　出纳

2. 4 月 9 日，接受大华公司投资的机器设备一台，价值 30000 元。

表 2－14

转 账 记 账 凭 证

2019年4月9日　　　　凭证编号：转字第2号

摘要	会计科目		借方金额										贷方金额										记账符号
	总账科目	明细科目	千	百	十	万	千	百	十	元	角	分	千	百	十	万	千	百	十	元	角	分	
接受投资	固定资产					3	0	0	0	0	0	0											
	实收资本															3	0	0	0	0	0	0	
附单据 2 张	合　计：				¥	3	0	0	0	0	0	0			¥	3	0	0	0	0	0	0	

会计主管　　　　记账　　　　稽核　　　　制单 孙丽　　　　出纳

3. 4 月 10 日，生产 A 产品领用甲材料 40000 元。

表 2－15

转账记账凭证

2019年 4月 10日　　　　凭证编号：转字第 3 号

摘　要	会计科目		借方金额										贷方金额										记账符号
	总账科目	明细科目	千	百	十	万	千	百	十	元	角	分	千	百	十	万	千	百	十	元	角	分	
生产领料	生产成本					4	0	0	0	0	0	0											
	原材料															4	0	0	0	0	0	0	
附单据 1 张	合　计：				¥	4	0	0	0	0	0	0			¥	4	0	0	0	0	0	0	

会计主管　　　　记账　　　　稽核　　　　制单 孙丽　　　　出纳

4. 4 月 30 日，销售丙产品一批给四方公司，售价 16000 元，商品已发出，款项尚未收到。（暂不考虑增值税）

表 2－16

转账记账凭证

2019年 4月 30日　　　　凭证编号：转字第 4 号

摘　要	会计科目		借方金额										贷方金额										记账符号
	总账科目	明细科目	千	百	十	万	千	百	十	元	角	分	千	百	十	万	千	百	十	元	角	分	
销售产品	应收账款					1	6	0	0	0	0	0											
	主营业务收入															1	6	0	0	0	0	0	
附单据 1 张	合　计：				¥	1	6	0	0	0	0	0			¥	1	6	0	0	0	0	0	

会计主管　　　　记账　　　　稽核　　　　制单 孙丽　　　　出纳

实 训 三

1.（2）经济业务描述：2019 年 4 月 12 日，鸿运食品公司将 6200 元现金存入银行。

（3）编制通用记账凭证。

表 2－18

通 用 记 账 凭 证

2019年 4月 12日　　　　凭证编号：略

摘要	会计科目		借方金额										贷方金额										记账符号
	总账科目	明细科目	千	百	十	万	千	百	十	元	角	分	千	百	十	万	千	百	十	元	角	分	
将现金存入银行	银行存款						6	2	0	0	0	0											
	库存现金																6	2	0	0	0	0	
附单据 1 张	合计					¥	6	2	0	0	0	0				¥	6	2	0	0	0	0	

会计主管 关大伟　　记账　　稽核 关大伟　　制单 孙娅　　出纳 田力　　交领款人

2.（2）经济业务描述：2019 年 4 月 18 日，一车间为生产产品领用材料价值 2500 元。

（3）编制通用记账凭证。

表 2－20

通 用 记 账 凭 证

2019年 4月 18日　　　　凭证编号：略

摘要	会计科目		借方金额										贷方金额										记账符号
	总账科目	明细科目	千	百	十	万	千	百	十	元	角	分	千	百	十	万	千	百	十	元	角	分	
生产领料	生产成本						2	5	0	0	0	0											
	原材料																2	5	0	0	0	0	
附单据 1 张	合计					¥	2	5	0	0	0	0				¥	2	5	0	0	0	0	

会计主管 关大伟　　记账　　稽核 关大伟　　制单 孙娅　　出纳　　交领款人

3.（2）经济业务描述：2019 年 4 月 20 日，鸿运食品公司销售面包 10 箱，收到现金 380 元。

（3）编制通用记账凭证。

表 2－22　　通 用 记 账 凭 证

2019年4月20日　　凭证编号：略

摘要	会计科目		借方金额										贷方金额										记账符号
	总账科目	明细科目	千	百	十	万	千	百	十	元	角	分	千	百	十	万	千	百	十	元	角	分	
销售产品	库存现金							3	8	0	0	0											
	主营业务收入																	3	8	0	0	0	
附单据 1 张	合　计						¥	3	8	0	0	0					¥	3	8	0	0	0	

会计主管 关大伟　　记账　　稽核 关大伟　　制单 孙娅　　出纳 田力　　交领款人

4.（2）经济业务描述：2019 年 4 月 22 日，鸿运食品公司以现金支付广告费 600 元。

（3）编制通用记账凭证。

表 2－24　　通 用 记 账 凭 证

2019年4月22日　　凭证编号：略

摘要	会计科目		借方金额										贷方金额										记账符号
	总账科目	明细科目	千	百	十	万	千	百	十	元	角	分	千	百	十	万	千	百	十	元	角	分	
支付广告费	销售费用							6	0	0	0	0											
	库存现金																	6	0	0	0	0	
附单据 1 张	合　计						¥	6	0	0	0	0					¥	6	0	0	0	0	

会计主管 关大伟　　记账 王平　　稽核 关大伟　　制单 孙娅　　出纳 田力　　交领款人

第三单元　企业主要经济业务的核算

一、填空

1. 生产准备过程　产品生产过程　销售过程
2. 生产准备过程

3. 产品生产过程
4. 销售过程
5. 增值税专用发票
6. 记账联　抵扣联　发票联
7. 抵扣联　发票联
8. 材料验收入库单
9. 支票
10. 存根联　支票联
11. 付
12. 财务部门
13. 记账联
14. 库存现金
15. 工资结算单
16. 固定资产折旧计算表
17. 产品成本计算单　产成品入库单
18. 销售
19. 银行进账单
20. 库存商品出库单
21. 差旅费报销单
22. 损益

二、单项选择

1. A　2. B　3. C　4. A　5. B　6. C　7. B　8. B　9. D　10. A
11. B　12. B　13. B　14. B　15. B　16. B　17. A　18. C　19. B　20. D
21. B　22. C　23. A　24. A　25. C　26. D　27. D　28. B　29. D　30. D
31. B　32. B　33. C　34. C

三、多项选择

1. ABC　2. ABCD　3. AB　4. ABC　5. AC　6. AB　7. ABCD　8. ABCD
9. ABC　10. AB　11. AD　12. ABC　13. ABCD　14. AC　15. AD　16. BCD
17. AC　18. ABC　19. ABC　20. AC　21. ABC　22. CD　23. AB

四、连连看

1—C　2—A　3—D　4—B

五、职业能力训练

训　练　一

- 支票必须明确填写收款人全称；

➢ 支票存根联中小写金额应写至分位；前面应加人民币符号；
➢ 出票日期大写应为贰零壹捌年陆月零伍日；
➢ 付款行名称不得简写；
➢ 支票联中人民币大写应为壹万肆仟元整且需顶格写，小写金额前位应加人民币符号，角位和分位应填写“0”；
➢ 签发支票用途必须明确；
➢ 缺少出票人签章。

训　练　二

➢ 领料单应明确编号；
➢ 领料用途必须标明；
➢ 缺少相关人员签章。

训　练　三

➢ 缺少记账凭证编号；
➢ 提取现金备发工资应借记库存现金，贷记银行存款，企业编制记账凭证会计科目错误；
➢ 未按规定划销线；
➢ 未标明附单据张数；
➢ 缺少相关人员签章。

训　练　四

➢ 张晓预借差旅费 600 元，报销 800 元，超支 200 元，企业以现金支付，进行会计处理时应借记“管理费用”800，贷记“库存现金”200，“其他应收款”600，企业会计分录错误；
➢ 缺少相关人员签章；
➢ 附单据 2 张。

训　练　五

1. 增值税专用发票的发票联、抵扣联（不作为原始凭证附在记账凭证后面，而是单独装订），材料验收入库单，转账支票存根。

2. 增值税专用发票的发票联、抵扣联（单独装订，不附在记账凭证后面），固定资产验收交接单，转账支票存根。

3. 现金支票存根。

4. 现金缴款单。

5. 收款收据。

6. 现金支票存根，职工工资结算汇总表，工资结算单。

7. 职工工资计算分配表。

8. 固定资产折旧计算表。

9. 成本计算单，产成品验收入库单。

10. 增值税专用发票记账联。
11. 银行进账单。
12. 库存商品出库单。
13. 商业零售发票，现金支票存根。
14. 转账支票存根，展览费凭据。
15. 利息支出凭单。
16. 借款单。
17. 差旅费报销单及出差有效报销单据。
18. 差旅费报销单及出差有效报销单据，收款收据，借款单。
19. 差旅费报销单，借款单。
20. 收款收据。

训　练　六

表 3－8

（辽）
转账支票存根
G S / 0 2　00039907
附加信息

出票日期 2019年6月7日
收款人： 锦宁市第二糖业有限公司
金额： ¥60000.00
用途： 支付前欠货款
单位主管 吴大伟　**会计** 孙娅

中国工商银行 转账支票（辽）　G S / 0 2　00039907
出票日期（大写）贰零壹玖年陆月零柒日　付款行名称：工商银行凌云支行
收款人：锦宁市第二糖业有限公司　出票人账号：3456178
本支票付款期限十天

人民币（大写）	亿	千	百	十	万	千	百	十	元	角	分
陆万元整				¥	6	0	0	0	0	0	0

用途 支付前欠货款
上列款项请从
我账户内支付
出票人签章　　复核　　记账

鸿远食品有限公司 财务专用章
张峰印

训　练　七

表 3－9　　　　**领　料　单**

领料单位：生产车间　　　　编号：456
用途：生产蛋糕　　2019年6月9日　　发料仓库：2号库

材料名称	材料编号	规格	计量单位	数量		单位成本	金额	备注
				请领	实发			
白糖	21		kg	1000	1000	7	7000	
合计							7000	

发料人：李林　　领料部门负责人：张伟　　领料人：王力

训 练 八

表 3－10

辽宁省增值税专用发票

记 账 联

（全国统一发票监制章 国家税务总局监制）

2100163160

No 00425236

此联不作报销、扣税凭证使用　　开票日期 2019年6月15日

购买方	名称：锦宁市兴旺连锁超市 纳税人识别号：91210703989855566M 地址、电话：锦宁市南内环街27号 2255666 开户行及账号：工商银行南山支行 6589987				密码区	略	
货物或应税劳务、服务名称	规格型号	单位	数量	单价	金额	税率	税额
钙奶饼干	10kg	箱	200.00	80.00	16000.00	13%	2080.00
合　　计					￥16000.00		￥2080.00
价税合计（大写）	⊗壹万捌仟零捌拾圆整			（小写）￥18080.00			
销售方	名称：鸿运食品有限公司 纳税人识别号：91210703210719761A 地址、电话：锦宁市渤海大街18号 3769100 开户行及账号：工商银行凌云支行 3456178				备注	鸿运食品有限公司 91210703210719761A 发票专用章	

收款人：：郑芳　　复核：：蔡森　　开票人：周明　　销售方：（章）

第一联：记账联　销货方记账凭证

训 练 九

表 3－12

进账单（收账通知）　　**3**

2019年6月20日

出票人	全　称	锦宁市兴旺连锁超市	收款人	全　称	鸿运食品有限公司
	账　号	6589987		账　号	3456178
	开户银行	工商银行南山支行		开户银行	工商银行凌云支行
金额	人民币（大写）	壹万捌仟零捌拾元整		亿 千 百 十 万 千 百 十 元 角 分	￥ 1 8 0 8 0 0 0
票据种类	转账支票	票据张数	1张		
票据号码	00039909				
复核　　记账			开户银行签章 中国工商银行股份有限公司锦宁凌云支行 2019.06.20 核算用章		

此联是收款人开户银行交给收款人的收账通知

六、岗位实训

实 训 一

2. 经济业务描述：2019 年 6 月 9 日购买鲜鸡蛋已验收入库，款项已经支付。

3. 编制记账凭证。

表 3－17　　　　**通 用 记 账 凭 证**

2019 年 6 月 9 日　　　　凭证编号 1

摘　要	会计科目		借方金额										贷方金额										记账符号
	总账科目	明细科目	千	百	十	万	千	百	十	元	角	分	千	百	十	万	千	百	十	元	角	分	
购买鲜鸡蛋已入库款已付	原材料	鲜鸡蛋					4	0	0	0	0	0											
	应交税费	应交增值税（进项税额）						3	6	0	0	0											
	银行存款																4	3	6	0	0	0	
附单据 3 张　　合　计：						￥	4	3	6	0	0	0				￥	4	3	6	0	0	0	

会计主管人员 关大伟　　记账　　稽核 关大伟　　制单 孙妪　　出纳 田力　　交领款人

实 训 二

2. 经济业务描述：2019 年 6 月 10 日购买智能化和面机，款项已经支付，设备已交付使用。

3. 编制记账凭证。

表 3－22　　　　**通 用 记 账 凭 证**

2019 年 6 月 10 日　　　　凭证编号 2

摘　要	会计科目		借方金额										贷方金额										记账符号
	总账科目	明细科目	千	百	十	万	千	百	十	元	角	分	千	百	十	万	千	百	十	元	角	分	
购买智能化和面机，款已付	固定资产	智能化和面机				4	0	0	0	0	0	0											
	应交税费	应交增值税（进项税额）					5	2	0	0	0	0											
	银行存款															4	5	2	0	0	0	0	
附单据 3 张　　合　计：					￥	4	5	2	0	0	0	0			￥	4	5	2	0	0	0	0	

会计主管 关大伟　　记账　　稽核 关大伟　　制单 孙妪　　出纳 田力　　交领款人

实　训　三

2. 经济业务描述：2019 年 6 月 11 日生产蛋糕领用奶油。

3. 编制记账凭证。

表 3－24

通用记账凭证

2019 年 6 月 11 日　　　　凭证编号 3

摘　要	会计科目		借方金额										贷方金额										记账符号
	总账科目	明细科目	千	百	十	万	千	百	十	元	角	分	千	百	十	万	千	百	十	元	角	分	
生产蛋糕领用奶油	生产成本	蛋糕						4	8	0	0	0											
	原材料	奶油																4	8	0	0	0	
附单据 1 张　　合　计							¥	4	8	0	0	0					¥	4	8	0	0	0	

会计主管 吴大伟　　记账　　稽核 吴大伟　　制单 孙娅　　出纳　　交领款人

实　训　四

2. 经济业务描述：2019 年 6 月 12 日提取现金 20000 元备用。

3. 编制记账凭证。

表 3－26

通用记账凭证

2019 年 6 月 12 日　　　　凭证编号 4

摘　要	会计科目		借方金额										贷方金额										记账符号
	总账科目	明细科目	千	百	十	万	千	百	十	元	角	分	千	百	十	万	千	百	十	元	角	分	
提取现金备发工资	库存现金					2	0	0	0	0	0	0											
	原材料	奶油														2	0	0	0	0	0	0	
附单据 1 张　　合　计					¥	2	0	0	0	0	0	0			¥	2	0	0	0	0	0	0	

会计主管 吴大伟　　记账　　稽核 吴大伟　　制单 孙娅　　出纳 田力　　交领款人

实　训　五

2. 经济业务描述：2019 年 6 月 13 日将现金 5000 元送存银行。

3. 编制记账凭证。

表 3－28　　　　　　　　　　　　**通 用 记 账 凭 证**

2019 年 6 月 13 日　　　　　　　　　　凭证编号 5

摘　　要	会计科目		借方金额										贷方金额										记账符号
	总账科目	明细科目	千	百	十	万	千	百	十	元	角	分	千	百	十	万	千	百	十	元	角	分	
将现金送存银行	银行存款						5	0	0	0	0	0											
	库存现金																5	0	0	0	0	0	
附单据 1 张　　合　　计						¥	5	0	0	0	0	0				¥	5	0	0	0	0	0	

会计主管 吴大伟　　记账　　稽核 吴大伟　　制单 孙娅　　出纳 田力　　交领款人

实　训　六

2. 经济业务描述：2019 年 6 月 14 日签发转账支票支付违约罚款 1000 元。

3. 编制记账凭证。

表 3－31　　　　　　　　　　　　**通 用 记 账 凭 证**

2019 年 6 月 14 日　　　　　　　　　　凭证编号 6

摘　　要	会计科目		借方金额										贷方金额										记账符号
	总账科目	明细科目	千	百	十	万	千	百	十	元	角	分	千	百	一	万	千	百	十	元	角	分	
签发支票支付违约罚款	营业外支出						1	0	0	0	0	0											
	银行存款																1	0	0	0	0	0	
附单据 2 张　　合　　计						¥	1	0	0	0	0	0				¥	1	0	0	0	0	0	

会计主管 吴大伟　　记账　　稽核 吴大伟　　制单 孙娅　　出纳 田力　　交领款人

实　训　七

2. 经济业务描述：2019 年 6 月 15 日销售曲奇，价款 42000 元，增值税款 5460 元，款项尚未收到。

3. 编制记账凭证。

表 3－33

通用记账凭证

2019 年 6 月 15 日　　　　凭证编号 7

摘要	会计科目		借方金额										贷方金额										记账符号
	总账科目	明细科目	千	百	十	万	千	百	十	元	角	分	千	百	十	万	千	百	十	元	角	分	
销售曲奇，款未收	应收账款	锦宁市宏兴超市				4	7	4	6	0	0	0											
	主营业务收入	曲奇														4	2	0	0	0	0	0	
	应交税费	应交增值税(销项税额)															5	4	6	0	0	0	
附单据 1 张　　合　计					¥	4	7	4	6	0	0	0			¥	4	7	4	6	0	0	0	

会计主管 关大伟　　记账　　稽核 关大伟　　制单 孙娅　　出纳　　交领款人

实　训　八

2. 经济业务描述：2019 年 6 月 19 日收到宏兴超市前欠货款 47460 元，款项已存入银行。

3. 编制记账凭证。

表 3－36

通用记账凭证

2019 年 6 月 19 日　　　　凭证编号 8

摘要	会计科目		借方金额										贷方金额										记账符号
	总账科目	明细科目	千	百	十	万	千	百	十	元	角	分	千	百	十	万	千	百	十	元	角	分	
收宏兴超市前欠货款存入银行	银行存款					4	7	4	6	0	0	0											
	应收账款	锦宁市宏兴超市														4	7	4	6	0	0	0	
附单据 1 张　　合　计					¥	4	7	4	6	0	0	0			¥	4	7	4	6	0	0	0	

会计主管 关大伟　　记账　　稽核 关大伟　　制单 孙娅　　出纳 田力　　交领款人

实　训　九

2. 经济业务描述：2019 年 6 月 20 日何丽预借差旅费 2000 元。

3. 编制记账凭证。

表 3－38

通 用 记 账 凭 证

2019 年 6 月 20 日　　　　凭证编号 9

摘要	会计科目		借方金额										贷方金额										记账符号
	总账科目	明细科目	千	百	十	万	千	百	十	元	角	分	千	百	十	万	千	百	十	元	角	分	
何丽预借差旅费	其他应收款	何丽					2	0	0	0	0	0											
	库存现金																2	0	0	0	0	0	
附单据 1 张	合计					¥	2	0	0	0	0	0				¥	2	0	0	0	0	0	

会计主管 关大伟　　记账　　稽核 关大伟　　制单 孙娅　　出纳 田力　　交领款人 何丽

实 训 十

2. 经济业务描述：2019 年 6 月 26 日何丽报销差旅费 1660 元，收回剩余款 340 元。
3. 编制记账凭证。

表 3－42

通 用 记 账 凭 证

2019 年 6 月 26 日　　　　凭证编号 10

摘要	会计科目		借方金额										贷方金额										记账符号
	总账科目	明细科目	千	百	十	万	千	百	十	元	角	分	千	百	十	万	千	百	十	元	角	分	
何丽报销差旅费，收回剩余款	管理费用						1	6	6	0	0	0											
	库存现金							3	4	0	0	0											
	其他应收款	何丽															2	0	0	0	0	0	
附单据 18 张	合计					¥	2	0	0	0	0	0				¥	2	0	0	0	0	0	

会计主管 关大伟　　记账　　稽核 关大伟　　制单 孙娅　　出纳 田力　　交领款人

实 训 十 一

2. 经济业务描述：2019 年 5 月 26 日收王大明违规罚款 200 元。
3. 编制记账凭证。

表 3－44　　　　**通用记账凭证**

2019 年 6 月 26 日　　　　凭证编号 11

摘要	会计科目		借方金额										贷方金额										记账符号
	总账科目	明细科目	千	百	十	万	千	百	十	元	角	分	千	百	十	万	千	百	十	元	角	分	
收王大明违规罚款	库存现金							2	0	0	0	0											
	营业外收入																	2	0	0	0	0	
附单据 1 张	合计						¥	2	0	0	0	0					¥	2	0	0	0	0	

会计主管 关大伟　　记账　　稽核 关大伟　　制单 孙娅　　出纳 田力　　交领款人 王大明

实训十二

2. 经济业务描述：2019 年 6 月 30 日钙奶饼干完工验收入库，结转成本 300000 元。
3. 编制记账凭证。

表 3－47　　　　**通用记账凭证**

2019 年 6 月 30 日　　　　凭证编号 12

摘要	会计科目		借方金额										贷方金额										记账符号
	总账科目	明细科目	千	百	十	万	千	百	十	元	角	分	千	百	十	万	千	百	十	元	角	分	
钙奶饼干完工验收入库，结转成本	库存商品	钙奶饼干			3	0	0	0	0	0	0	0											
	生产成本	钙奶饼干													3	0	0	0	0	0	0	0	
附单据 2 张	合计			¥	3	0	0	0	0	0	0	0		¥	3	0	0	0	0	0	0	0	

会计主管 关大伟　　记账　　稽核 关大伟　　制单 孙娅　　出纳　　交领款人

实训十三

2. 经济业务描述：2019 年 6 月 30 日结转损益类账户发生额。
3. 编制记账凭证。

表 3-49

通用记账凭证

2019 年 6 月 30 日　　　　凭证编号 13 113

摘要	会计科目		借方金额										贷方金额										记账符号
	总账科目	明细科目	千	百	十	万	千	百	十	元	角	分	千	百	十	万	千	百	十	元	角	分	
期末结转损益类（收入类）账户发生额	主营业务收入			1	5	0	0	0	0	0	0	0											
	其他业务收入					8	0	0	0	0	0	0											
	营业外收入					1	0	0	0	0	0	0											
	本年利润													1	5	9	0	0	0	0	0	0	
附单据　张	合　　计		¥	1	5	9	0	0	0	0	0	0	¥	1	5	9	0	0	0	0	0	0	

会计主管 吴大伟　　记账　　稽核 吴大伟　　制单 孙娅　　出纳　　交领款人

表 3-50

通用记账凭证

2019 年 6 月 30 日　　　　凭证编号 13 213

摘要	会计科目		借方金额										贷方金额										记账符号
	总账科目	明细科目	千	百	十	万	千	百	十	元	角	分	千	百	十	万	千	百	十	元	角	分	
期末结转损益类（费用类）账户发生额	本年利润			1	2	1	0	0	0	0	0	0											
	主营业务成本														9	7	0	0	0	0	0	0	
	其他业务成本															6	0	0	0	0	0	0	
	管理费用														1	8	0	0	0	0	0	0	
附单据　张	合　　计		¥	1	2	1	0	0	0	0	0	0	¥	1	2	1	0	0	0	0	0	0	

会计主管 吴大伟　　记账　　稽核 吴大伟　　制单 孙娅　　出纳　　交领款人

表 3-51

通用记账凭证

2019 年 6 月 30 日　　　　凭证编号 13 313

摘要	会计科目		借方金额										贷方金额										记账符号
	总账科目	明细科目	千	百	十	万	千	百	十	元	角	分	千	百	十	万	千	百	十	元	角	分	
期末结转损益类（费用类）账户发生额	本年利润				1	3	0	0	0	0	0	0											
	财务费用															4	0	0	0	0	0	0	
	销售费用															7	0	0	0	0	0	0	
	营业外支出															2	0	0	0	0	0	0	
附单据　张	合　　计			¥	1	3	0	0	0	0	0	0		¥	1	3	0	0	0	0	0	0	

会计主管 吴大伟　　记账　　稽核 吴大伟　　制单 孙娅　　出纳　　交领款人

第四单元　会计账簿

一、填空

1. 会计科目　会计凭证
2. 订本式　活页式　卡片式
3. 分类账　序时账　备查账
4. 三栏式　多栏式　数量金额式　横线登记式
5. 结账　冲账　改错
6. 库存现金日记账　银行存款日记账
7. 记账凭证账务处理程序　科目汇总表账务处理程序　汇总记账凭证账务处理程序
8. 记账凭证
9. 科目汇总表　科目汇总表
10. 划线结账
11. 年

二、单项选择

1. C　2. B　3. D　4. B　5. A　6. A　7. A　8. D　9. B　10. A

三、多项选择

1. ACD　2. AB　3. ABC　4. BC　5. BD　6. ABCD　7. BCD
8. ABCD　9. BCD　10. ABCD

四、连连看

1—B　2—A　3—D　4—D　5—B　6—A　7—C

五、职业能力训练

1. 开设“库存现金日记账”和“银行存款日记账”，并登记期初余额。

表 4－5　　库存现金日记账

2019 年		凭证编号	摘要	借方										贷方										√	借或贷	余额									
月	日			千	百	十	万	千	百	十	元	角	分	千	百	十	万	千	百	十	元	角	分			千	百	十	万	千	百	十	元	角	分
6	1		期初余额																						借				1	4	2	8	0	0	0

表 4－6 银行存款日记账

2019年		凭证编号	摘要	借方										贷方										√	借或贷	余额									
月	日			千	百	十	万	千	百	十	元	角	分	千	百	十	万	千	百	十	元	角	分			千	百	十	万	千	百	十	元	角	分
6	1		期初余额																						借			5	3	9	0	0	0	0	0

2. 根据通用记账凭证所记业务事项，按经济业务发生的时间先后顺序，依次逐笔登记“库存现金日记账”和“银行存款日记账”，并结账。

表 4－5 库存现金日记账

2019年		凭证编号	摘要	借方										贷方										√	借或贷	余额									
月	日			千	百	十	万	千	百	十	元	角	分	千	百	十	万	千	百	十	元	角	分			千	百	十	万	千	百	十	元	角	分
6	1		期初余额																						借				1	4	2	8	0	0	0
6	1	1	预借差旅费															4	0	0	0	0	0		借				1	0	2	8	0	0	0
6	5	2	提现备用					3	5	0	0	0	0												借				1	5	7	8	0	0	0
6	30	4	报销差旅费						3	0	0	0	0												借				1	6	0	8	0	0	0
6	30		本月合计					3	8	0	0	0	0					4	0	0	0	0	0		借				1	6	0	8	0	0	0

表 4－6 银行存款日记账

2019年		凭证编号	摘要	借方										贷方										√	借或贷	余额									
月	日			千	百	十	万	千	百	十	元	角	分	千	百	十	万	千	百	十	元	角	分			千	百	十	万	千	百	十	元	角	分
6	1		期初余额																						借			5	3	9	0	0	0	0	0
6	5	2	提现备用															5	5	0	0	0	0		借			5	3	3	5	0	0	0	0
6	10	3	偿还前欠款														2	3	4	0	0	0	0		借			5	1	0	1	0	0	0	0
6	30		本月合计														2	8	9	0	0	0	0		借			5	1	0	1	0	0	0	0

六、岗位实训

1. 依据记账凭证编制科目汇总表的工作底稿。

表 4－17 **“科目汇总表”工作底稿**

2019 年 8 月 1 日～15 日

应付账款

① 30000	⑨ 45200
30000	45200

银行存款

④ 60000	① 30000
⑤ 100000	② 22600
⑩ 33900	③ 2000
	⑥ 11300
	⑧ 10000
193900	75900

财务费用

③ 2000	
2000	

应交税费

② 2600	⑩ 3900
⑥ 1300	
⑨ 5200	
9100	3900

原材料

② 20000	⑦ 30000
⑥ 10000	
⑨ 40000	
70000	30000

短期借款

	④ 60000
	60000

实收资本

	⑤ 100000
	100000

生产成本

⑦ 30000	
30000	

库存现金

⑧ 10000	
10000	

主营业务收入

	⑩ 30000
	30000

2. 将科目汇总表工作底稿中所有账户借、贷方发生额合计数填入“科目汇总表”中。

3. 根据“科目汇总表”登记“银行存款”、“原材料”、“应付账款”、“应交税费”总分类账。

表 4－18

科 目 汇 总 表

2019 年 8 月 1 日～15 日　　　科汇 1

会计科目	借方金额	贷方金额	过账
库存现金	10000		
银行存款	193900	75900	
原材料	70000	30000	
短期借款		60000	
应付账款	30000	45200	
应交税费	9100	3900	
生产成本	30000		
实收资本		100000	
主营业务收入		30000	
财务费用	2000		
合　　计	349000	349000	

表 4－19

总　　账

会计科目 银行存款

2019年		凭证编号	摘　要	借方										贷方										借或贷	余额									
月	日			千	百	十	万	千	百	十	元	角	分	千	百	十	万	千	百	十	元	角	分		千	百	十	万	千	百	十	元	角	分
			……																															
8	15	汇 1	1-15 日汇总过入			1	9	3	9	0	0	0	0				7	5	9	0	0	0	0	借			1	1	8	0	0	0	0	0

表 4－20　　　　　　　　　　　　　**<u>总　　账</u>**

会计科目 <u>原材料</u>

2019年		凭证编号	摘　要	借方										贷方										借或贷	余额									
月	日			千	百	十	万	千	百	十	元	角	分	千	百	十	万	千	百	十	元	角	分		千	百	十	万	千	百	十	元	角	分
			……																															
8	15	汇1	1-15日汇总过入				7	0	0	0	0	0	0				3	0	0	0	0	0	0	借				4	0	0	0	0	0	0

表 4－21　　　　　　　　　　　　　**<u>总　　账</u>**

会计科目 <u>应付账款</u>

2019年		凭证编号	摘　要	借方										贷方										借或贷	余额									
月	日			千	百	十	万	千	百	十	元	角	分	千	百	十	万	千	百	十	元	角	分		千	百	十	万	千	百	十	元	角	分
			……																															
8	15	汇1	1-15日汇总过入				3	0	0	0	0	0	0				4	5	2	0	0	0	0	贷				1	5	2	0	0	0	0

表 4－22　　　　　　　　　　　　　**<u>总　　账</u>**

会计科目 <u>应交税费</u>

2019年		凭证编号	摘　要	借方										贷方										借或贷	余额									
月	日			千	百	十	万	千	百	十	元	角	分	千	百	十	万	千	百	十	元	角	分		千	百	十	万	千	百	十	元	角	分
			……																															
8	15	汇1	1-15日汇总过入					9	1	0	0	0	0					3	9	0	0	0	0	借					5	2	0	0	0	0

第五单元　错账更正方法

一、填空

1. 划线更正法　红字冲销法　补充登记法
2. 红线
3. 小于
4. 划线更正法
5. 补充登记法

二、单项选择

1. A　2. A　3. B　4. C　5. A

三、多项选择

1. AD　2. BCD　3. ABD　4. ABD　5. ABC

四、判断

1. ×　2. √　3. ×　4. √　5. ×

五、连连看

1—B　2—A　3—C　4—A　5—A

六、岗位实训

实　训　一

【要求】请对北上实业有限公司下列账簿记录中出现的错误进行更正。（注：涉及的相关记账凭证均正确）

（1）出纳员钱力在根据正确的记账凭证登记现金日记账时误将395 元写成695 元，如表5－1 所示。

表 5－1　　　　　　　　　　　　**库存现金日记账**　　　　　　　　　　　　**3**

2019 年		凭证编号	摘要	借方										贷方										√	借或贷	余额									
月	日			千	百	十	万	千	百	十	元	角	分	千	百	十	万	千	百	十	元	角	分			千	百	十	万	千	百	十	元	角	分
8	2		承前页				3	5	6	2	7	0	0				3	5	8	8	8	0	0		借					1	2	3	9	0	0
			……																																
	5	25	报销差旅费																7	4	0	0	0		借						8	5	8	0	0
	6	30	购买办公用品												钱力				3 ~~6~~	9 ~~9~~	5 ~~5~~	0 ~~0~~	0 ~~0~~		借						4	6	3	0	0

注：此处划线应为红线。

（2）会计人员赵峰在根据正确的记账凭证登记明细账时误将摘要中的“预付货款”写成“预收货款”，如表 5－2 所示。

表 5－2　　　　　　　　　　　　**明　细　账**　　　　　　　　　　　　**11**

会计科目 预付账款　　　　细目 广发实业有限公司　　　　子目

2019 年		凭证编号	摘要	借方										贷方										√	借或贷	余额									
月	日			千	百	十	万	千	百	十	元	角	分	千	百	十	万	千	百	十	元	角	分			千	百	十	万	千	百	十	元	角	分
8	8	13	付 预~~收~~货款				5	0	5	8	0	0	0																						

注：此处划线应为红线。

（3）会计人员赵峰在根据正确的记账凭证登记明细账时误将 320010 元写成 320000 元，如表 5－3 所示。

表 5－3　　　　　　　　　　　　**明　细　账**　　　　　　　　　　　　**30**

会计科目 应付账款　　　　细目 心语食品加工公司　　　　子目

2019 年		凭证编号	摘要	借方										贷方										√	借或贷	余额									
月	日			千	百	十	万	千	百	十	元	角	分	千	百	十	万	千	百	十	元	角	分			千	百	十	万	千	百	十	元	角	分
8	9	15	偿还前欠货款		3 ~~3~~	2 ~~2~~	0 ~~0~~	0 赵峰 ~~0~~	1 ~~0~~	0 ~~0~~	0 ~~0~~	0 ~~0~~																							

注：此处划线应为红线。

实 训 二

【要求】1. 查找会计记录，指出经济业务存在的会计差错：根据原始凭证，北上实业公司电汇预付货款 80000 元，银行存款减少，预付货款增加，制单赵峰在编制通用记账凭证时会计科目正确，但借贷方向用反了。

2. 说明应采用的错账更正方法：因记账凭证已错，应采用红字冲销法。

3. 进行错账更正：

错账更正过程：

表 5－8

通 用 记 账 凭 证

2019 年 8 月 9 日　　　　凭证编号 23

摘要	会计科目		借方金额										贷方金额										记账符号
	总账科目	明细科目	千	百	十	万	千	百	十	元	角	分	千	百	十	万	千	百	十	元	角	分	
冲销 2019 年 8 月 9 日 22 号错误凭证	银行存款					8	0	0	0	0	0	0											✓
	预付账款	鞍山绿实有限公司														8	0	0	0	0	0		✓
附单据 张	合 计：				￥	8	0	0	0	0	0	0			￥	8	0	0	0	0	0	0	

会计主管 周强　　记账 张帆　　稽核 周强　　制单 赵峰　　出纳 钱力

此处借、贷方均为红字金额

表 5－9

通 用 记 账 凭 证

2019 年 8 月 9 日　　　　凭证编号 24

摘要	会计科目		借方金额										贷方金额										记账符号
	总账科目	明细科目	千	百	十	万	千	百	十	元	角	分	千	百	十	万	千	百	十	元	角	分	
更正 2019 年 8 月 9 日 22 号错误凭证	预付账款	鞍山绿实有限公司				8	0	0	0	0	0	0											✓
	银行存款															8	0	0	0	0	0		✓
附单据 张	合 计：				￥	8	0	0	0	0	0	0			￥	8	0	0	0	0	0	0	

会计主管 周强　　记账 张帆　　稽核 周强　　制单 赵峰　　出纳 钱力

表 5－10　　　　　　　　　　　　　　银行存款日记账　　　　　　　　　　　　　　6

2019年		凭证编号	摘要	借方										贷方										√	借或贷	余额									
月	日			千	百	十	万	千	百	十	元	角	分	千	百	十	万	千	百	十	元	角	分			千	百	十	万	千	百	十	元	角	分
8	8		承前页			5	8	2	6	0	0	0	0			2	5	0	1	0	0	0	0		借			1	4	6	9	0	0	0	0
			……																																
	9	22	预付货款				8	0	0	0	0	0	0												借			1	7	8	0	2	0	0	0
	9	23	冲销2019年8月9日22号错误凭证				8	0	0	0	0	0	0												借				9	8	0	2	0	0	0
	9	24	更正2019年8月9日22号错误凭证														8	0	0	0	0	0	0		借				1	8	0	2	0	0	0

此处金额为红字金额

表 5－11　　　　　　　　　　　　　　明　细　账

会计科目：预付账款　　　　细目：鞍山绿实有限公司　　　　子目　　　　11

2019年		凭证编号	摘要	借方										贷方										√	借或贷	余额									
月	日			千	百	十	万	千	百	十	元	角	分	千	百	十	万	千	百	十	元	角	分			千	百	十	万	千	百	十	元	角	分
8	9	22	预付货款														8	0	0	0	0	0	0												
	9	23	冲销2019年8月9日22号错误凭证														8	0	0	0	0	0	0												
	9	24	更正2019年8月9日22号错误凭证				8	0	0	0	0	0	0																						

此处金额为红字金额

实　训　三

【要求】(1) 根据原始凭证，指出经济业务存在的差错：根据原始凭证，北上实业公司开出转账支票 200000 元支付前欠货款，在根据审核无误的原始凭证编制记账凭证时，会计科目、借贷方向没有错误，只是金额少记了 180000 元。

(2) 指出可以采用的错账更正方法：补充登记法、红字冲销法。

(3) 请用两种方法更正错账：相关用表如表 5－16 至表 5－22 所示。

(4) 请你分析一下两种方法有什么差别？哪种方法更科学、简便？采用补充登记法只要将少记的 180000 元补充登记到账簿中即可，仅需一张凭证修改；红字冲销法先将错误金额用红字凭证全额冲销，再编制蓝字金额凭证，重新登记入账，也可以更正错账，但需要两张凭证更正，相对繁琐，因此，当记账凭证只是所记金额小于应记金额时，应采用补充登记法更正更科学，更简便。

错账更正方法一：（补充登记法）

表 5-16　　通用记账凭证

2019年8月25日　　凭证编号 35

摘要	会计科目		借方金额										贷方金额										记账符号
	总账科目	明细科目	千	百	十	万	千	百	十	元	角	分	千	百	十	万	千	百	十	元	角	分	
补充8月25日34号凭证少记金额	应付账款	天津当当有限公司			1	8	0	0	0	0	0	0											✓
	银行存款														1	8	0	0	0	0	0	0	✓
附单据　张	合　计：			￥	1	8	0	0	0	0	0	0		￥	1	8	0	0	0	0	0	0	

会计主管 周强　　记账 张帆　　稽核 周强　　制单 赵峰　　出纳 钱力

表 5-17　　银行存款日记账　　6

2019年		凭证编号	摘要	借方										贷方										√	借或贷	余额									
月	日			千	百	十	万	千	百	十	元	角	分	千	百	十	万	千	百	十	元	角	分			千	百	十	万	千	百	十	元	角	分
8	8		承前页			5	8	2	6	0	0	0	0			2	5	0	1	0	0	0	0		借			1	4	6	9	0	0	0	0
			……																																
	25	34	支付前欠款														2	0	0	0	0	0	0		借			4	7	8	0	2	0	0	0
	25	35	补充8月25日34号凭证少记金额													1	8	0	0	0	0	0	0		借			2	9	8	0	2	0	0	0

表 5-18　　明　细　账　　30

会计科目 应付账款　　细目 天津当当有限公司　　子目

2019年		凭证编号	摘要	借方										贷方										√	借或贷	余额									
月	日			千	百	十	万	千	百	十	元	角	分	千	百	十	万	千	百	十	元	角	分			千	百	十	万	千	百	十	元	角	分
8	25	34	支付前欠货款				2	0	0	0	0	0	0																						
	25	35	补充8月25日34号凭证少记金额			1	8	0	0	0	0	0	0																						

错账更正方法二：（红字冲销法）

表 5－19

通 用 记 账 凭 证

2019 年 8 月 25 日　　　　　　凭证编号：36

摘要	会计科目		借方金额										贷方金额										记账符号
	总账科目	明细科目	千	百	十	万	千	百	十	元	角	分	千	百	十	万	千	百	十	元	角	分	
冲销8月25日34号错误凭证	应付账款	天津当当有限公司				2	0	0	0	0	0	0											✓
	银行存款															2	0	0	0	0	0	0	√
附单据　张	合　计：				￥	2	0	0	0	0	0	0			￥	2	0	0	0	0	0	0	

会计主管 周强　　记账 张帆　　稽核 周强　　制单 赵峰　　出纳 钱力

此处借、贷方均为红字金额

表 5－20

通 用 记 账 凭 证

2019 年 8 月 25 日　　　　　　凭证编号：37

摘要	会计科目		借方金额										贷方金额										记账符号
	总账科目	明细科目	千	百	十	万	千	百	十	元	角	分	千	百	十	万	千	百	十	元	角	分	
更正8月25日34号错误凭证	应付账款	天津当当有限公司			2	0	0	0	0	0	0	0											✓
	银行存款														2	0	0	0	0	0	0	0	√
附单据　张	合　计：			￥	2	0	0	0	0	0	0	0		￥	2	0	0	0	0	0	0	0	

会计主管 周强　　记账 张帆　　稽核 周强　　制单 赵峰　　出纳 钱力

表 5－21

银行存款日记账

6

2019年		凭证编号	摘要	借方										贷方										√	借或贷	余额									
月	日			千	百	十	万	千	百	十	元	角	分	千	百	十	万	千	百	十	元	角	分			千	百	十	万	千	百	十	元	角	分
8	8		承前页			5	8	2	6	0	0	0	0			2	5	0	1	0	0	0	0		借			1	4	6	9	0	0	0	0
			……																																
	25	34	支付前欠款														2	0	0	0	0	0	0		借			4	7	8	0	2	0	0	0
	25	36	冲销8月25日34号错误凭证														2	0	0	0	0	0	0		借			4	9	8	0	2	0	0	0
	25	37	更正8月25日34号错误凭证													2	0	0	0	0	0	0	0		借			2	9	8	0	2	0	0	0

此处金额为红字金额

表 5－22　　　　　　　　　　明细账　　　　　　　　　　30

会计科目 应付账款　　　　　　细目 天津当当有限公司　　　子目

2019年		凭证编号	摘要	借方										贷方										√	借或贷	余额									
月	日			千	百	十	万	二	百	十	元	角	分	千	百	十	万	千	百	十	元	角	分			千	百	十	万	千	百	十	元	角	分
8	25	34	支付前欠货款				2	0	0	0	0	0	0																						
	25	36	冲销8月25日34号错误凭证				2	0	0	0	0	0	0																						
	25	37	更正38月25日34号错误凭证			2	0	0	0	0	0	0	0																						

此处金额为红字金额

第六单元　财产清查

一、填空

1. 实地盘点　实存数　账面余额
2. 现金　清查结果
3. 账实相符　账实不符
4. 待处理财产损溢
5. 待处理流动资产损溢　待处理固定资产损溢
6. 实地盘点
7. 实物资产　清查结果
8. 函证核对（或发函询证）
9. 货币资金　实物资产　往来款项
10. 账存数　实存数

二、单项选择

1. B　2. B　3. A　4. C　5. B　6. A　7. C　8. C　9. D　10. D

三、多项选择

1. AD　2. BC　3. AD　4. AB　5. AB　6. AB　7. CD　8. BC　9. CD　10. ABC

四、连连看

1—C　2—D　3—B　4—A　5—F　6—E

五、岗位实训

实　训　一

表 6－3

通用记账凭证

2019 年 5 月 5 日　　　　凭证编号：1

摘　要	借方科目		会计科目		金　额										记账符号
	总账科目	明细科目	总账科目	明细科目	千	百	十	万	千	百	十	元	角	分	
现金盘亏	待处理财产损溢	待处理流动资产损溢	库存现金							2	0	0	0	0	√
附单据 1 张	合　计								¥	2	0	0	0	0	√

会计主管 李伟　　记账 王乔　　稽核 李伟　　制单 王乔　　出纳 刘丹　　交领款人

表 6－4

通用记账凭证

2019 年 5 月 5 日　　　　凭证编号：2

摘　要	借方科目		会计科目		金　额										记账符号
	总账科目	明细科目	总账科目	明细科目	千	百	十	万	千	百	十	元	角	分	
转销盘亏现金	管理费用		待处理财产损溢	待处理流动资产损溢						2	0	0	0	0	√
附单据 1 张	合　计								¥	2	0	0	0	0	√

会计主管 李伟　　记账 王乔　　稽核 李伟　　制单 王乔　　出纳　　交领款人

表 6－5

库存现金日记账　　　　**4**

2019年 月	日	凭证编号	摘要	借方 千	百	十	万	千	百	十	元	角	分	贷方 千	百	十	万	千	百	十	元	角	分	√	借或贷	余额 千	百	十	万	千	百	十	元	角	分
			……																																
5	4		……																						借					2	0	0	0	0	0
5	5	1	现金盘亏																2	0	0	0	0		借					1	8	0	0	0	0

表 6－6 明细账 **26**

会计科目 *待处理财产损溢*　　　　细目 *待处理流动资产损溢*　　子目

2019年		凭证编号	摘要	借方										贷方										√	借或贷	余额									
月	日			千	百	十	万	千	百	十	元	角	分	千	百	十	万	千	百	十	元	角	分			千	百	十	万	千	百	十	元	角	分
5	5	1	现金盘亏						2	0	0	0	0																						
5	5	2	转销盘亏现金																2	0	0	0	0												

表 6－7 管理费用明细账 **45**

2019 年		凭证号数	摘　　要	借方发生额								合计
月	日			办公费	差旅费	职工薪酬	折旧费	修理费	招待费	保险费	其他	
5	5	2	转销盘亏金								200.00	200.00

实　训　二

表 6－12 通 用 记 账 凭 证

2019 年 5 月 8 日　　　　凭证编号：3

摘　　要	会计科目		借方金额										贷方金额										记账符号
	总账科目	明细科目	千	百	十	万	千	百	十	元	角	分	千	百	十	万	千	百	十	元	角	分	
材料盘亏	待处理财产损溢	待处理流动资产损溢				2	8	0	0	0	0	0											√
	原材料	圆钢														2	8	0	0	0	0	0	√
附单据 1 张	合　　计				¥	2	8	0	0	0	0	0			¥	2	8	0	0	0	0	0	

会计主管 李伟　　记账 王乔　　稽核 李伟　　制单 王乔　　出纳　　交领款人

表 6－13

通用记账凭证

2019年5月10日　　　　凭证编号：4

摘要	会计科目		借方金额										贷方金额										记账符号
	总账科目	明细科目	千	百	十	万	千	百	十	元	角	分	千	百	十	万	千	百	十	元	角	分	
转销盘亏材料	银行存款					2	5	0	0	0	0	0											√
	营业外支出					3	0	0	0	0	0												√
	待处理财产损溢	待处理流动资产损溢														2	8	0	0	0	0	0	√
附单据2张	合计				¥	2	8	0	0	0	0	0			¥	2	8	0	0	0	0	0	

会计主管 李伟　　记账 王乔　　稽核 李伟　　制单 王乔　　出纳 刘丹　　交领款人

表 6－14

原材料明细账

21

类别：　　品名：圆钢　　规格：16　　计量单位：吨　　存放地点：仓库

2019年		凭证编号	摘要	借方											贷方											余额										
				数量	单价	金额									数量	单价	金额									数量	单价	金额								
月	日					百	十	万	千	百	十	元	角	分			百	十	万	千	百	十	元	角	分			百	十	万	千	百	十	元	角	分
			略																																	
			…																																	
5	7	30	…																							33	1000			3	3	0	0	0	0	0
5	8	3	盘亏												28	1000			2	8	0	0	0	0	0	5	1000				5	0	0	0	0	0

表 6－15

明细账

26

会计科目 待处理财产损溢　　细目 待处理流动资产损溢　　子目

2019年		凭证编号	摘要	借方										贷方										借或贷	余额									
月	日			千	百	十	万	千	百	十	元	角	分	千	百	十	万	千	百	十	元	角	分		千	百	十	万	千	百	十	元	角	分
5	8	3	原材料盘亏				2	8	0	0	0	0	0																					
5	10	4	转销盘亏原材料														2	8	0	0	0	0	0											

表 6－16　　银行存款日记账　　5

2019年		凭证编号	摘要	借方										贷方										√	借或贷	余额									
月	日			千	百	十	万	千	百	十	元	角	分	千	百	十	万	千	百	十	元	角	分			千	百	十	万	千	百	十	元	角	分
			略																																
5	9		……																						借			1	5	5	6	7	9	0	0
5	10	4	收到保险赔偿				2	5	0	0	0	0	0												借			1	8	0	6	7	9	0	0

表 6－17　　营业外支出明细账　　45

2019年		凭证号	摘要	借方发生额																									余额							
月	日			……	非常损失								其他								合计															
					十	万	千	百	十	元	角	分	十	万	千	百	十	元	角	分	十	万	千	百	十	元	角	分	十	万	千	百	十	元	角	分
5	10	4	转销盘亏材料	……			3	0	0	0	0	0																								

第七单元　财务报告

一、填空

1. 财务报告
2. 资产负债表
3. 利润表
4. 特定日期
5. 利润表
6. 会计凭证　会计账簿　财务会计报告
7. 永久　定期
8. 5 年　10 年　30 年
9. 资产负债表的“期末余额”栏内数字
10. 利润表的“本期金额”栏内数字

二、单项选择

1. A 2. C 3. A 4. D 5. D 6. C 7. D 8. C 9. B 10. A

三、多项选择

1. ABCD 2. AD 3. AD 4. ABD 5. AD 6. BCD 7. ABCD 8. ABC 9. AB 10. CD

四、连练看

（一）1—ABDE 2—BDEF
（二）1—AEG 2—F 3—D 4—C 5—H 6—B
（三）1—C 2—C 3—C 4—C 5—D

五、岗位实训

实 训 一

2019 年 12 月 31 日资产负债表中“货币资金”项目的金额 225000 元。

实 训 二

2019 年 12 月 31 日资产负债表中“固定资产”项目的金额 465000 元。

实 训 三

2019 年 12 月 31 日资产负债表中“存货”项目的金额 150000 元。

实 训 四

2019 年 12 月 31 日资产负债表中“未分配利润”项目的金额 180000 元。

实 训 五

2019 年 12 月利润表中“营业收入”项目的金额 320000 元。

实 训 六

2019 年 12 月 31 日利润表中“营业成本”项目的金额 126000 元。